新时代青春之歌文库

青春

蝶变

——湖北武汉新时代青年心灵成长记

雷宇 杨洁 著

中国青年出版社

图书在版编目（CIP）数据

青春蝶变：湖北武汉新时代青年心灵成长记/雷宇，杨洁著 . — 北京：中国青年出版社，2021.9

ISBN 978-7-5153-6510-7

Ⅰ . ①青… Ⅱ . ①雷… ②杨… Ⅲ . ①青年先进人物—先进事迹—武汉—现代 Ⅳ . ① D432.62

中国版本图书馆 CIP 数据核字（2021）第 164511 号

责任编辑：彭 岩

特邀编辑：彭四平

*

中国青年出版社 出版 发行

社址：北京东四十二条 21 号 邮政编码：100708

网址：www.cyp.com.cn

编辑部电话：（010）57350407 门市部电话：（010）57350370

三河市君旺印务有限公司 新华书店经销

*

700×1000 1/16 16.75 印张 180 千字

2021 年 9 月北京第 1 版 2021 年 9 月河北第 1 次印刷

定价：58.00 元

本书如有印装质量问题，请凭购书发票与质检部联系调换

联系电话：（010）57350337

相信年轻的力量

武汉拥有 3500 年建城史，世界第三大河流长江与其最大支流汉江在市区交汇，166 个湖泊星罗棋布，165 条河流奔腾不息，塑造了山灵水秀的自然风貌、英雄豪迈的精神特质。

这片美丽而神奇的土地，在 2020 年，经历了一场惊心动魄的抗疫大战。在党中央坚强领导和湖北省委、省政府直接领导下，在全国人民鼎力支持下，武汉牢牢抓住救治和阻隔两个关键环节，全力以赴打好疫情防控武汉保卫战，用 3 个月左右时间取得决定性成果。

武汉是一座英雄之城，打赢了艰苦卓绝的抗疫保卫战。英雄来自人民——"世上没有从天而降的英雄，只有挺身而出的凡人。"疫情发生之后，英雄的武汉人民携手并肩、共克时艰，近 10 万名医务工作者与病魔殊死搏斗，5.5 万名党员干部下沉服务社区，5 万多名志愿者投身疫情防控，千万市民宅家抗疫。尤其是全市广大青年挺身而出，一支支青年突击队火速集结，一份份"申请书"按满手印，一个个"小红帽"点亮街头，在医疗卫生、工程建设、物资保障、交通运输、社区封控等疫情防控重点领域，主动请战、冲锋在前，为打赢武汉保卫战发挥了生力军、突击队作用。习近平总书记在全国抗击新冠肺炎疫情表彰大会上的讲话中专门点赞青年一代在抗疫斗争中的突出表现，指出"青年一代不怕苦、不畏难、不惧牺牲，用臂膀扛起如山的责任，展现出青春激昂的风采，展现出中华民族的希望"。

武汉是一座活力之城，焕发着浴火重生的蓬勃生机。260万名大中小学生全面如期复学，旅游景点全面开放，百年商业老街江汉路客流量单日突破40万、创历史新高，霍尼韦尔等35家知名企业来武汉设立总部或区域总部，在武汉投资的世界500强达到306家。中国经济的强大韧性与后劲，在武汉充分释放。

武汉是一座希望之城，展现出无比光明的发展前景。作为"一带一路"重要节点城市、长江经济带核心城市，武汉承载着中部地区崛起、长江中游城市群协同发展、国家自主创新示范区、国家自由贸易试验区等重大战略，担负着湖北高质量发展"主引擎"重任，在全国和区域发展中地位更加突出。武汉是中国的"立交桥"，高铁4小时可到达国内80%主要城市，长江黄金水道通江达海，中欧班列辐射34国，天河国际机场链接五大洲，物流成本比全国平均水平低1.5个百分点。武汉是中国重要的工业基地，拥有工业41个大类的38个，"光芯屏端网"、汽车制造和服务、大健康等产业集群加快迈向万亿级，被联合国教科文组织评为"世界设计之都"。武汉是中国三大智力密集区之一，拥有92所高校、73名院士、130万在校大学生，充满着青春的活力。

新时代、新征程，英雄的武汉浴火重生。抗击疫情让青年一代得到淬炼成长。疫情"催化"了青年身上的理想使命，他们不再是人们眼中"娇滴滴的一代"，而将一腔热血挥洒在抗疫战场，书写了时代交予他们的答卷。年轻人挑起大梁，留下无数动人故事。本书撷取其中十位杰出青年代表的成长故事，他们身上有深厚的家国情怀，有开阔的国际视野，有敢为人先的创新气魄，有脚踏实地的苦干精神。他们以平视世界的精气神，在波澜壮阔的时代大潮中，绘就属于他们自己的壮丽青春篇章。

风樯动、龟蛇静、起宏图，年轻的力量堪大任，英雄的武汉再出发！

目录

周宁：一起做扛大山的人

02

以前对自己的人生道路总有些摇摆，是抗疫让自己坚定了做一个医生的信念。"如果说，灾难对某些人犹如泰山压顶，那么，时代就会让另外一些人来扛起这座大山，让我们一起，来做这个扛大山的人"。

附录1：与死神赛跑的"生命特战队"

华雨辰：心中的诗和远方

034

"华老师，等我长大了也要做像您这样的人。"当时她哭出了声，学生的话让她感动不已。"那一刻我明白了身教重于言传，我想用我的行动教会孩子们，国家有难，匹夫有责，一个人的挺身而出是烛光，千百人的奉献就是太阳。"

附录2："志愿红"微光成炬

肖帅：志做"青年标杆"

062

那天夜里，寒风裹挟着阴雨打在他们身上。他们靠着一股不达目的不罢休的拼劲儿，用一个通宵完成了近两千米的电缆铺设，按时完成组织交给的任务。"在最困难的时候冲锋在前，在最危险的地方冲锋在前，只要有人勇敢站出来了，就会有更多的人挺身而出。"

附录3：抗疫有我　青春绽放

贾青青：物资转运领头雁

086

经历过疫情洗礼后的贾青青比以前更成熟了，以前遇到故意习难的旅客，她哭过鼻子；有时不懂得换位思考，为一件特别小的事而生气。现在来看，跟生命比起来，这一切太微不足道。"人有时就是在困难时刻成长起来的。"

涂可蔼：承担这一代人的使命

106

老一辈的干警在侦破刑事案件时，没有高清的摄像头，没有现场的指纹对比手段，靠着两条腿，靠着大脑的推理破案。疫情之后，在青年警察中，老一辈吃苦耐劳的精神仍然存在，尤其到了国家需要的时候，他们还是能义无反顾地站起来，承担这一代人的使命。

杜云："小巷总理"守护"一片芳草"

124

以前，杜云脾气躁，性子急，经过疫情，她觉得自己像珍珠一样，在沙砾的打磨中，变得圆润明亮。"最困难的时候都过来了，人也成长了，办事能力、承受能力、心态，全部都得到一个新的提升，遇到再棘手的事情，都会觉得一定有办法的。"

汪勇：这辈子下酒的故事都有了

荣誉、掌声、赞美挤进了一个快递员的生活。他有时觉得不真实，总想多学点东西，配得上这些荣誉，这也督促这个大大咧咧的"80后"更加谨慎，"压力越大，责任越大，也对自己要求更高了"。

附录7：用温暖守护你的逆行

甘如意：谨慎又兴奋地拥抱着改变

"她身上的坚韧劲，支撑着她义无反顾，要做什么事情，就一定要把它做成，不考虑难度有多大。"这是很多"90后"身上所稀缺的。她第一次去看大海，浪花一打过来觉得很危险，但远远看就觉得很美。她的新生活像大海里的浪花一般，层层涌过来，她正小心又兴奋地拥抱着改变。

附录8：300里返岗走单骑

彭耿：不向困难低头，敢向风浪说不

一起为火神山拼过命，与同事之间，他收获了更稳固的信任、更坚固的情谊。如今在他继续奋战的新建设项目中，很多工人都是曾一起奋战火神山的好战友。他对一起奋战的同事，有了新的认知：所谓的"基建狂魔"，不过是一群善良勇敢的人，穿上了铠甲，在所有人的祝福中负重前行。

附录9：克难攻坚不辱使命 建设城市守牢初心

熊念：扛过去的就是成长路

"如果想更好地锻炼自己，实现理想，开创事业，这个沃土一定是在基层的，因为只有基层才能给予更宽广的成长空间。"回顾自己的成长经历，他感恩过去的基层时光。疫情之后，"倒逼着很多事情要改革"，他仍然处于连轴转的状态。

附录10："80后"院长的战"疫"百日记忆

专家对话

培育强国一代关键就在今天的校园
——武汉解封一周年之际，专访武大校长窦贤康院士

疫情改变了世界格局，今天的青年一代如何从中找到自己的位置？窦贤康说，当年回国也没想到后来还可以当院士当校长，但回过头看，"凡是有所成就的，都是把个人理想实现融入国家发展的大局之中"。

从伟大抗疫精神中汲取青春成长力量
——专访华中师范大学马克思主义学院副教授徐秉国

理论学习不仅需要一个艰深的改造提升思想的过程，还需要一个去求索的过程。不是说尝到糖果的甜蜜了生命就能抵达，思想政治理论课，是要用理性的东西引导我们的青年学生去认识，从个人、家庭、民族国家提升思想认识、社会认识，那才是我们所希望看到的。所以我们往往不太主张用形式去替代丰富的内容。

周宁

一起做扛大山的人

周宁，1981 年出生。

华中科技大学同济医学院附属同济医院心血管内科副教授。

2020 年 4 月 28 日，获颁第 24 届"中国青年五四奖章"。

除夕前三天，他在工作期间不幸感染新冠肺炎，居家隔离痊愈后撰写"治疗日记"，单篇阅读量超 1520 万。隔离期满，他第一时间奔赴一线，组建"护心小分队"，使用 ECMO 辅助技术救治新冠肺炎极危重患者，救治经验被国务院联防联控机制医疗救治组肯定并全国推广。

青春感言：

当医生虽然累一点，但是能够救回患者的生命，这是很多职业做不到的。我的幸福就是看着所有病人平安回家。

"你活过来了！活过来了！活过来了！"

青年医生周宁至今清晰地记得，一年前为患者程春生成功脱下 ECMO（体外膜肺氧合）那一刻自己的欢呼，还有程春生噙满泪水的双眼。

当时这动情的一幕被传到了网上，感动了无数的国人。2020 年 2 月 27 日，程春生成为华中科技大学附属同济医院光谷院区新冠肺炎危重症患者中重获新生第一人。

从遭遇早期感染之痛，到重披战袍与病魔近身交锋，疫后周宁收获了青年群体的最高荣誉——中国青年五四奖章。曾经"快乐的小大夫"走进不同的单位做报告，参与了直播带货，成为联合国的控烟大使、消防安全形象代言人，甚至十多年没联系过的朋友从新闻联播上看到他的消息打来电话。

一年后回望抗疫的失与得，这位曾做过美国两所著名高校博士后的"80 后"说，以前对自己的人生道路总有些摇摆，是抗疫让自己坚定了做一个医生的信念，"如果说，灾难对某些人犹如泰山压顶，那么，时代就会让另外一些人来扛起这座大山，让我们一起，来做这个扛大山的人"。

"我的战场不在网上"

很多人是首先通过一篇网络"自愈日记"认识周宁医生的。

39 岁的周宁既是医生，也曾是新冠病毒感染患者——一次接诊中的遭遇让他不幸中招。

2020 年 1 月 17 日，周宁收治了一个休克的心脏病患者。一周后，病人康复出院时告诉护士，他是名厨师，前段时间有点发烧，咳嗽。

周宁内心顿时一紧。当天下午，他出现了强烈的眩晕感、乏力、恶心、腹泻和寒战，体温高达 38.9℃。

"我一下就蒙了：想着这下完了，也不知有没有传染给父母家人，那样自己可就成了一家的罪人；还想这病也不知到底有多厉害，自己会不会一病不起，甚至会'挂'掉。"周宁说，确诊那一刻，说不害怕是吹牛皮。

但作为医生，自己不能对病毒认尿。经历了最初的惊慌之后，在同事的帮助下，周宁决定居家自我隔离治疗。幸运的是，在经历了连续两天的高烧后，他的症状渐渐好转。

彼时的武汉，几乎所有医院发热门诊爆满。大家一旦有发热就觉得恐慌，蜂拥到医院，大大增加了交叉感染的概率，也造成医疗资源挤兑。

亲身经历让周宁意识到，新冠病毒的传染性非常强，必须让社会大众对这个病毒有科学的认识，既要有紧张感，又不能过度恐慌。他更知道在医学领域，以案说法最能直抵人心。

除夕夜，尚在病中的周宁坐在床上，用手机一字一句地编写出6000 字的隔离治疗日记，并发布在个人公众号上。

日记中，周宁将自己的染病经过，起病后在家如何隔离防护、每日服用药物的状况详细记录下来。他还写下体会，为居家治疗提供建议。

这篇"自愈日记"抚慰了很多人的心。没几天，文章的阅读量超1520万。有声音认为，这可能是2020年全网第一篇"现象级"火爆文章。

在14000多条留言中，有人说："我和家人每天都很害怕，但是看了你的文章，心里安定了许多。"

事实上，在这篇备受好评的日记之前，周宁已在科普领域默默耕耘两年。2018年5月，他自创微信公众号"周您说"，为大众普及心血管健康常识，尤其是暴发性心肌炎的保健意识。他还是我国暴发性心肌炎诊治专家共识起草专家之一，长期从事心血管急危重症的救治工作，挽救了大量患者的生命。

2019年大年初一，他抢救垂危病患的事迹被人民日报、新华网等40余家媒体报道，被评为2019武汉十大温暖"医"瞬间年度人物。他还曾受邀在德国、美国、加拿大知名医疗机构访问交流，被多个国际杂志聘为审稿人或编委，在国际重要学术会议上发表演讲，展示了中国医学界的原创性学术成就。

2月8日，隔离期一结束，周宁立刻打电话请战。

体验过被病毒击倒时身体的无力和内心的恐惧，为什么还选择挺身而出？"有人称我为网红医生，但我知道我的战场不在网上，我是一名医生，我的职责就是治病救人，这时候躺在家里是会让人笑话的。"湖北省抗击新冠肺炎疫情先进事迹首场报告会上，周宁这样分享自己当时的心路历程。

2月9日，周宁作为第一批医务人员来到同济医院光谷院区，开始收治新冠肺炎重症病人。医院成立多学科联合的重症治疗攻关团队，病友们说，这是与死神较量的"生命特战队"。而周宁是"生命特战队"中的护心小分队骨干。

他激动得欢呼"你活过来了！"

"像打仗一样的，每天在ICU病房里面工作至少六七个小时出不来。"周宁说，当时ICU医生最大的工作任务，就是千方百计把病亡率降下来。一年后，他想起过去的那段日子，真是恍如隔世的感觉。"最黑暗的时候，我们没有想到几个月就能够控制疫情。"

在ICU战斗的52天里，周宁救治的病人很多，50岁的老程，他一辈子都不会忘记。

老程转入周宁所在的ICU，是2月12日，生命垂危。病痛的折磨、全家感染隔离失去联系，这些都没能打垮老程。只要处在清醒状态，老程就总是睁大双眼，他怕自己"一闭眼就永远睁不开了"！

老程的坚强，打动了医护人员。那段日子，每天下午，医院会举行疑难病例讨论会，而老程是大家讨论最激烈的病例。"面对未知疾病，医生患者无不倍感压力，但患者的求生欲和医生职业的使命感时刻激励着我们奋勇向前。"

讨论的焦点，集中在上不上 ECMO、什么时候上。当时，周宁所在的医疗团队使用 ECMO 经验匮乏，但他最终决定为老程上 ECMO。"我知道，这是一个带有冒险性质的决定，一旦有闪失，我的职业生涯将留下永远的污点。但如果不冒险试一试，老程几乎生还无望。"

经过医护人员精心治疗，10 天后，老程终于成功撤除 ECMO，可以自主呼吸了。那一刻，周宁欢呼起来："你活过来了！活过来了……"

当时这动情的一幕被传到了网上，感动了无数的国人。无数网友留言为老程加油。有网友评论，"活过来了"是 2020 年"最动听的声音"。

2020 年 2 月 27 日，程春生成为华中科技大学附属同济医院光谷院区新冠肺炎危重症患者中重获新生第一人。

这背后，是同济医院在探索危重症病人救治新模式下与援鄂国家医疗队的并肩作战，是包括心内科副教授周宁在内 9 个学科，10 名医生，17 名护士，456 个小时与死神的生死搏斗。

周宁和他的战友们用科学的诊治手段将老程救治成功，为新冠肺炎危重症病人抢救蹚出了一条新路，也为危重型患者筑起了一道坚牢稳固的"安心"墙。

央视新闻频道以周宁的故事为主线，拍摄了"重症 ICU 纪实：为生命而战"专题纪录片，他的事迹也被央视新闻联播"抗疫群英谱"播报，人民日报和新华社也予以集中报道，展示了一名党员、一名医生披坚执锐激扬青春力量、舍生忘死践行初心誓言的新时代最美逆行者，极大地鼓舞了广大一线医务工作者。

2020 年 3 月 8 日，孙春兰副总理连线同济医院光谷院区 ICU 医护人员，为医护人员的工作点赞，连线地点就在老程的病房。同济医院使用 ECMO 辅助技术救治新冠肺炎极危重患者，救治经验随之被国务院联防联控机制医疗救治组肯定并推广。

"既然选择了一身白衣，就要担负起这份责任。"周宁说，老程是不幸的，也是幸运的。救治他一个人，几乎动用了同济医院所有的医疗力量。疫情期间，这样的故事，在同济医院、在武汉、在湖北，每天都在发生着。

治愈出院后，老程给周宁发来一张全家福照片，一家四口整整齐齐竖起大拇指。今年 5 月，老程找周宁复查时，给救命恩人们送来一幅锦旗，上书"是你们创造了生命的奇迹"。

寥寥 11 个字，却重若千钧。

"成功的经验和失败的教训都值得记录"

没有一个冬天不可逾越，没有一个春天不会来临。

2020 年 4 月 24 日，同济医院新冠肺炎重症患者清零。在庚子年这场史无前例的疫情中，同济医院主动请缨改造两个院区，收治 3300 多名新冠肺炎重症、危重症患者，成为武汉集中收治重症患者最多的定点医院。

回首悲壮抗疫路，周宁说："作为临床大夫，病人永远是我们老师，你没见过这个病，你肯定不知道怎么治的。"

新冠病毒不断颠覆着人类的认知。

刚开始，很多人还把它当作流感治疗。包括一些专家对这个疾病的认识也有很大的偏差，譬如耳鼻喉科、眼科大夫感染率很高，因为他们检查病人时是面对面的，看眼科的时候，看眼底可能面部就是十几厘米的距离。"其实和细分专业的局限性有关系，对传染疾病危险防范意识不够。"

"我相信这一次是对专业人士——包括非专业人士——的一次全民教育。"周宁说。

在重症病人救治过程中同样走了很多弯路。

新冠肺炎危重症有多险？有专家这样形容——可能一咳嗽，肺就"破"了。危重症患者救治有多难？"有些危重症患者上午还好好的，下午病情就急转直下，接着心电图就成直线了。"

2 月初，专家们对 ECMO 能不能用于新冠肺炎的救治，以及什么时候是个合适的指征，都在模棱两可的讨论之中。很多人觉得 ECMO 是最后一根救命的稻草，病情不到迫不得已，都不愿意给别人上 ECMO。

"ECMO 不是用来续命的，而是用来救命的。"根据临床的观测，周宁提出，在最优呼吸机参数通气情况下，如果患者还有难以纠正的严重低氧血症，导致全身多脏器功能障碍之前，把 ECMO 上去了，就拦住了。而一旦进入了多脏器功能衰竭，再用 ECMO 也很难挽回。早用 ECMO 给病人延长生存期，让他自己能够有机会将体内的这种抵抗力升起来，免疫能力能恢复。

后来，这成为抗疫中——"关口前移"的重要部分。

同济医院由气管插管、护肾、护心、护肝、护脑、中医药、气切等多支小分队组成的"特战尖刀连"，与来自全国的 40 支援鄂医疗队、5000 余名精兵强将并肩战疫，哪里有危险就往哪里冲，与时间赛跑，形成了"关口前移、多学科合作、精准管理"的科学救治模式，探索出治疗危重症、降低死亡率的同济经验。

早期急救医疗队里，绝大部分的大夫来自呼吸、感染和危重症这三个专科，因为一开始认为这是肺炎，是呼吸科病，后来事实证明这个认知也是错误的。

新冠肺炎病人是以呼吸道为起始，但很快累及心脏、肝脏、肾脏各个脏器。这就需要多个学科联合诊治，包括心血管、外科、肾脏等其他专科的共同协作支持。

"一个病人，他不会是按照教科书来给你生病的，每个病人具体情况不一样。"有时病人出现心衰和严重的心肌损害，非心血管大夫敏感性和诊治能力肯定不如专科大夫。此时"多学科合作"，就成了制胜法宝。周宁说。

"精细化管理"同样建立在失败的教训基础上。

早期病房里人满为患，超出了医务人员接诊的极限。均摊到每个病人身上的医务人员的精力非常少，必然导致粗放式管理，落实不到位，落实不及时，落实得不完整。

考虑到危重症病人容不得一点过失，同济医院率先提出落实责任医生制。不管是哪个班，医生永远要对病人负责，一天24小时里就是这位医生的工作，下班以后，这个病人一定要交给其他的当班医生，每一项医嘱落实到责任个体，每天液体量、电解质、酸碱平衡等细节要牢牢记住。

对周宁医生来说，"决战重症高地的同济经验"背后的意义更加具象：一直保持联系的程春生恢复得很好，早已在工地上干活，再次扛起了一个家庭的责任和希望。

"病没有长在自己身上，永远不能够理解病人的痛苦"

上大学的时候，老师们总是教育大家，当医生要有仁爱之心、恻隐之心、同情之心，能够去理解病人的痛苦。

经历了这一次自己生病以后，周宁有一个特别的感悟，"医生了解病人永远不够"。

几年前亲历的一个故事更是让周宁印象深刻。

医院退休的一位儿科老专家因心肌梗死住在周宁所在科室的病床

上。这位 80 岁的老前辈，是全国非常有名的老专家，做完动脉穿刺，一晚上辗转反侧不能睡。"当时大家都觉得老专家好娇气"。

第二天早上查房的时候，老专家跟周宁说，以前总觉得自己是儿科医生很有爱心，能够理解病人的难受，理解家长的难受。直到自己做动脉穿刺，才彻底想通了——以前自己当医生的时候，对病人关爱的理解太肤浅了，病没有长在自己身上，永远不能够理解病人的痛苦。

周宁一直都把老专家的话记在心里。以前，他也总觉得自己有同情心，能够理解病人身体和心理的苦楚。但疫后回想："病没有长在你身上，刀没有开在你身上，你是不能够真的理解病人的。除非你也病了一场，你才知道病人有多难受。"

回头去看，当医生时间长了就有些麻木——查房的时候，随口就会批评"你这么一个小口子就惊天动地地叫"；有时候看到别人说血压吓人，回一句"这算什么"。"总觉得天天给别人开这个刀，就这么一小口子，有的人坚强，有的不坚强，也不能知道他有多难受。"

而且这个职业的特点决定了，如果医生总是对别人这么同情，每天都难受，也会影响工作，再加上时间长了也会变得麻木，所以对病人的痛苦，医生很可能会选择视而不见。

这一次确实给了自己反省的例子。

在周宁的日记中，去年的 1 月 21 日开始发烧，高烧持续了两天。"那种发烧乏力、腹泻、眩晕感，直到现在回想起来都觉得难受。"

周宁说，以前教科书描写感染以后病人出现乏力，甚至描述极度乏力。但什么叫"极度乏力"？这一次生病才真正有概念，就是小便憋得很难受了，想上厕所却爬也爬不起来的感觉；就是一个人在家里隔离，摇摇晃晃爬起来的时候，摔在地上都没有疼的感觉；就是挣扎起来去上厕所，一个文明人连厕所都不想冲了的感觉。

"所以去感受病人的痛苦，然后用语言或文字把它记录下来，再传承给下一代的医学生看，这中间不知道被过滤了多少信息，怎么描述这种生命的感受和体会呢？"周宁经常检讨自己，时间长了是不是变成了老油条，还能不能够保持当"小医生"时敏锐地感受病人痛苦的心理状态，"做医生也要永葆初心"。

"马前卒背后是集体的力量"

周宁坦言，最开始接到要求做事迹报告的通知，是有点纠结、抱着完成任务的心态的。正是武汉各行各业复工复产如火如荼的时候，因为要去做报告，要去各个地方跑，自己的门诊要停掉，老病号就找不到医生了；病房工作也会耽误，手术也得停。

"但你现在好歹是个小名人，组织上信任你，交给你的工作你得完成呀。"周宁说。

一旦投入其中，他很快发现其中的意义。

"一次梳理对整个人生节点，是很重要的一个总结。"周宁说，甚至还能发现自己在那些琐碎的繁杂的日常工作中，还有一些闪光点，其实还是挺好的。"就像现在挺后悔，当时在抗疫过程中很多珍贵的史料或者瞬间或者画面，没办法把它拍下来写下来，似乎已经开始慢慢淡忘了一样。"

"后来再一想，你讲的是周宁吗？不是的。你讲的是以周宁为代表的一大片医务人员，你只是很幸运地被组织上挑出来做一个代表。"周宁说，意识到这一点，心里就释然了，"在抗疫过程中你到底做了什么，你同行做了什么，为他们代言了，这其实也是我抗疫收尾阶段的工作之一。"

在这次疫情期间，医患互信达到前所未有的融洽程度。病人相信医生，医生也相信病人。

但其中的互不了解是需要正视的。尤其是公众对医生这个行业、医生这个职业了解得少。一个典型的例子，自己管的病人有时感慨："周医生，我在医院住了三天了，就见了你两面，你们当医生真是太舒服了。"

"但其实他见到我三天来查了两次房，他没有见到我在查房之外，花了多少时间在看门诊，在做手术，在带学生做实验，在开学术会议，他不了解他没看到的。"

不了解就会产生误解，误解就会产生矛盾，矛盾来了，就会产生医患之间的你防着我、我防着你这种状态，这也是周宁想在报告中传递的内容。

一次一次的报告和互动交流中，周宁觉得自己的认知也在不断上台阶。

对于"伟大抗疫精神"，周宁说，立足行业理解，说一千道一万，这么重大的公共卫生事件，第一责任主体就是医生和护士，最应该冲在前面的是医生和护士，这是职责所在。

疫情对整个公立医疗系统的考验是史无前例的。作为华中地区最好的医院之一，周宁所在的同济医院甚至将两个崭新的院区全部捐出来，改造成发热门诊和收治新冠肺炎的病房。每次听到总书记说"新时代最可爱的人"，躬身入局的周宁总有一种心潮澎湃的感觉，"责任主体没有垮掉，冲上去了。我也觉得这次疫情中同行的表现，可以说在全世界都是最好的"。

如果给抗疫中的自己画一幅像，会是什么样子？周宁说，挺喜欢当时的一张照片，穿防护服的照片。

那是 2 月 20 日左右，正在非常艰难的一段时间。30 个床，躺了二十几个气管插管的，每天老是想着这个病人怎么搞，今天还能不能活下去。"到 ICU 都是心情沉重地进去，心情沉重地出来。"

"有的患者刚才还在吃饭，一转眼，病情就急转直下，还没等我们反应过来，心电图就成了直线。"周宁说，心里全是无力感和挫败感。

当时正在换床，记者抓拍了一张周宁的照片，脸色很阴沉，眼神里却有坚毅的感觉，"明知艰险还要努力一把，最后再试一把那种感觉"。

危险总是无处不在，不管在抢救病人中有暴露风险，或者是其他的各种意外暴露。周宁说首先觉得自己不怕，有一腔热血，但是也有科学防范意识，"你要怕的话就不敢去，不敢说自己有多英勇无畏，至少是一个不怕牺牲的马前卒，你该往前冲，也敢于冲锋"。

"更重要的是集体的力量，国家的力量！"在周宁看来，医生护士冲在一线的同时，警察、社区、交通、媒体、志愿者各个领域都参与其中，各行各业都有序地协调，都全部跟上去了，这是个系统工程。

武汉"封城"后，天河机场第一架飞机降落的消息传出，正在隔离期的周宁当时眼泪就下来了。虽然武汉封闭离汉通道，但是武汉没有被抛弃，没有被整个国家所遗忘，这可能是当时身在武汉的人都有的感受和体验。"一个国家一个城市处于危难之中的时候，你能找到主心骨，你就有安全感。"

早期出现医疗挤兑时，周宁的感受更为直观。同济医院发热门诊日常最多接诊二三十个病人，而当时一天要接诊七八百甚至上千个病人。"如果没有外地的援鄂医疗队，单凭武汉或湖北本地的医护人员，这是不可能完成的任务。"

3月4日晚，周宁受邀向意大利同行分享防治经验。在1个多小时的交流中，他就病房标准、炎症风暴处理方案、新冠肺炎治疗方案、医护人员防护等进行了详细介绍，意大利专家说："你们的经验对我们来说太重要了！"作为中国最早一批与国际同行交流抗疫经验的医务代表，周宁说："一线临床医生的救治经验值得与全球同行分享。"

武汉"解封"前后，周宁曾多次就疫情防控与多国专家交流经验感受。在他看来，武汉抗疫的成功，除了个体的努力之外，更多是整个社会能够拧成一股绳，撑起一张网；从全世界范围来讲，美国有很多优秀的医务人员，却没有控制好，不是个体不努力，而是缺了这张网，"这是他们至今仍然深陷新冠疫情的泥淖中不能自拔的一个最主要原因"。

"我们这一代"

在阻击疫情的战斗中，年轻的同事是周宁最信赖的战友。

ECMO 治疗最难的不是植入，而是 24 小时不间断的维护和管理。护心小分队只有 7 名护士，她们每 4 小时一班轮流守护 ECMO 病人，每小时需要检测数十种数据，工作量极大，而且随时会遇到各种突发并发症。

一天深夜，病人老杜的 ECMO 管道突然出现大量血栓而不得不暂时停机。而他是一个高度依赖 ECMO 的危重病人，必须尽快更换管道，才有一线生机。刚刚交班疲惫不堪的护士张盼盼，二话不说，重新穿上防护服，跟着周宁冲进了 ICU，迅速更换了管道，再次接通了病人的生命线。

周宁说，像张盼盼这样的"90 后"护士还有很多，他们平时玩美颜、爱自拍、打打闹闹像孩子，但关键时刻，他们化身为勇敢的战士，拉得出，扛得起，顶得上。

就是在这个"80 后"年轻医生自己家里，妻子是药师，妹妹是护士，疫情期间全都白衣执甲共战疫情。"抗疫中，同济医院像我们这样的家庭都有不少。"

周宁说，"80 后""90 后"给人一种错觉，他们没有吃过苦，是娇滴滴的一代；特别是"90 后"，没有经历过什么苦难，总让人觉得难堪大任。"但事实证明我们的认识是错误的。"

在周宁看来，每个时代有每个时代的旋律，"90 后"的成长环境确实很好，他们没有经历过饥馑的年代，没饿过肚子，成长得更为顺利，生活条件更为优越。

"但是优越并不等于脆弱。"周宁说，疫情中的体会更深刻一些。整个护理队伍的主力部队都是"90 后"，甚至"00 后"都出来了，他们平时也是像其他的孩子一样，国家需要的时候，他们是能站得出来、能顶得上去的。

周宁认为，这和国家一以贯之的青少年教育是分不开的，那就是集体主义。"国家有难，匹夫有责"的精神从小渗透在血液中，每个人都认为集体荣誉感很重要。这次重大的疫情，给了"80 后""90 后"甚至"00 后"一个集体展示的机会。当然，也是一个巨大的冲击波，加速成长，加速蜕变，"尤其是身处其中的青少年，可能对他来说这是一个真正的成人礼，是他的青春故事，是新一代强国精神的起点"。

"这个世界变化太快，有时候是我们没有跟上他们的认知而已，并不是他们垮了，而是我们过时了。"周宁说。

疫情中的经历有两点让他感触颇深。

第一点，真正做到了不计代价、不计成本去抢救病人。

老程作为武汉市抗击疫情重症病人的一个代表，是同济和上海华山医院医疗队联手抢救回来的，一个人花费大几十万，真的是不计成本。不管什么身份，什么背景，不论贫穷与否，无论什么社会地位。

第二点，就是整个医疗队伍的执行力强。防疫指挥部一有命令下来，马上就能够落实，比如说隔离病房改造、救治物资的筹集、危重症患者收治，很快就能落实。国家意志落实到工作细节之中，非常自信，非常仔细，有非常强的执行力。

周宁曾经在美国待了三四年，美国的英雄主义电影里，往往是灾难中各种超级英雄都出来了，中国或者东方的这种教育内核更倾向于集体主义，为赴国难。

他坦承，有一段时间，自己都差点被洗脑，总是觉得隔着对岸看，对方的风景都很好，其实走进去看体验就不一样了，"你只看到别人的好处，没看到自己的好处，叫选择性偏盲"。

"这疫情，党和人民政府组织抗疫的过程，是一堂爱国主义教育的公开课，对于叛逆期的青少年能起到很好的教育作用。"周宁的儿子才13岁，还没有形成自己的人生观世界观，他都知道中国做得真好，"因为外面那么吓人，爸爸在一线，安全上去安全下来了，他就有了对国家的认同感。"

失去与收获

疫情结束之后，你最想做什么？

疫情中，面对这样的提问，周宁的回答是，最想做回原来那个快乐的临床小大夫，回到原来的轨迹，做自己喜欢做的工作，解决一些实际问题。

疫情中失去的太多了。

不管对社会，对医生，还是对个人来说，都丢失了很多东西：失去了正常生活轨迹，正常生活的方式，医生们日常的临床教学、科研课题都停滞了，实验室不能开放等。"耽误了很多事，一直想着把失去的时间追回来。"

但如果用一句话来回顾自己的2020，周宁的答案依然是："比较幸运，比较知足，比较感恩。"

周宁说，2020年，有些人不幸感染后变成重症，自己还算幸运，在同事的帮助下自我救助成功，并有机会重返工作一线救死扶伤。"如果医生这个职业能够让人有成就感，有获得感，这种满足和快乐其实不是那种普通的感官快乐，而是医生与患者共建起来的快乐。当自己看着病人高兴地办理出院手续时，那种快乐是无法用金钱买来的。"

譬如老程，非常典型的一个湖北汉子，憨厚，耿直，话不多，你要问他四五句话，他回一二句话，但是心地特别善良。出院后，他说下半辈子当两个半辈子用。他跟他爱人说，当年结婚的时候欠你一个洗衣机，我现在给你补一个新的洗衣机。好像重生一次后，很多缺憾，都可以这样补偿回来。

其实和疫情前快乐的"小大夫"相比，周宁感觉现在仍然是比较快乐的，他获得的关注多了，影响力大了，责任也越大。"认识我的人比以前多得多了，就像猴子爬树，爬得越高，看到你屁股的人越多。"

疫情前，周宁自媒体上大概只有1万多的粉丝，而现在微博加抖音加头条加个人公众号大概100来万关注量，"一下子翻了几个数量级"。

最直观的一个感受，在医院里会诊，经常有人说，周医生我认识你，我在电视上见过你了；一些上十年没有联系的朋友，打电话说在新闻联播上看到他了。"这种压力下，说话也得谨慎，以前就是要发牢骚，吐槽几句也没人知道。"

采访当天的上午，门诊中好几个病人就是慕名而来。有的说是电影院放公益广告看到他了，有的说是在网络媒体上看到他了，所以特地找他答疑解惑。

这种影响有时候是无形中的责任和压力。

"既然别人慕名而来，对你的期望值比其他医生是要高一些的，不能让他败兴而归。"

"以前犯的小错误，小大夫算了，年轻医生嘛，但你现在犯同样错误，大家会用更高的标准要求着你，你好歹算是半个公众人物了，你怎么能犯这种错误，对不对？"

疫后的观察中，医患互动越来越温馨。特别是武汉本地的患者，感觉态度好很多，他们经历过武汉抗疫的"悲壮时期"，耳闻目睹医护人员的所作所为。

青山的一个老太太和老伴两个都是新冠肺炎感染者，后来社区把他们接到医院。过年前来复诊，特别客气，非要拎一盒茶叶过来答谢医护人员。周宁说，虽然大家都没有收他们送的茶叶，但这个场景给人一种相依为命的感觉，大家一起经历险境，劫后余生，他们真的把命托付给你，那是一种非常信任非常信赖的感觉。之前也有，现在越来越多了。

"有一技之长，你会被人认可，被需要和被尊重。"这样一颗重要的小种子，在周宁的童年时期就已埋下。

周宁小时候生活在湖北大冶的农村，父亲是个赤脚医生。彼时，农村的赤脚医生，不光给人治病，还看牲口。

至今印象很深的是，有一次附近村民的牛生病了，也来找父亲。牛是农村最重要的劳动工具。傍晚时分，周宁帮父亲背着出诊包，一起出发了。

原来是牛蹄子上长了一个大脓包，就站不住了，周宁的父亲用手术刀切开做了引流排脓和消毒处理，没多久就弄好了。

第二天，牛就能够自己走路了，第三天第四天就能够下地干活了。那家人特别感激，但是农村给牛看病一般也不收钱，他们家后来送了一大筐红心红薯，小周宁吃得可开心了。

当时农村看病经常要赊账，周宁的爸爸就记在一个小破本儿上，某人某年某月某日来家看病，欠多少钱，到年底时就拿账本挨家挨户去收欠的药费。但是20世纪80年代的农村太穷了，一些村民今年欠这么多，明年还欠这么多，后来周宁的爸爸有一次把本子撕了，说："要不来钱算了，也不要指望。"

这些儿时的记忆，不仅奠定其人生选择的底色，也决定了疫情如泰山压顶倾斜而来时，他就是那个选择扛大山的人。这一切，亦如他人生的味蕾，终身如影相随。

研究生毕业时，他收到了跨国公司的OFFER，到美国留学，也提供了很多转行机会。这个"80后"年轻人感慨，以前总觉得当医生工作太累，还有点犹犹豫豫，这次抗疫之后，才真正找到了自己内心的感觉，"医生能解决很多问题，能够救回很多生命，这是很多职业做不到的"。

从日常工作到抗疫战场，从临床到科研，从国内到国外，无论何时、身处何地，他无悔接受战火的洗礼与淬炼，用仁心仁术书写下不负韶华的青春答卷。如今，他最大的幸福就是看着病人平安回家。

（雷宇）

与死神赛跑的"生命特战队"

大家好！我叫周宁，是同济医院心血管内科医生，也曾经是一名新冠病毒感染患者。今天非常荣幸能有机会向大家报告我们的抗疫故事。

2020 年 1 月 17 日，我收治了一个休克的心脏病患者，他是一位厨师。康复出院时，他告诉护士，前段时间他一直发烧、咳嗽，还住过

院，而我是跟他接触最密切的医生。

当天下午，我就出现了发烧、咳嗽、乏力等症状。在做完必要检查后，基本确定被感染了！

回想当时的经历，要说不害怕，那是吹牛。我们对这个病毒知道太少了。但是，我是一名医生，我不能对病毒认怂。

在同事们的帮助下，我开始自我隔离治疗。幸运的是，4天后，症状渐渐好转。而那时的武汉，几乎所有医院发热门诊爆满。我们同济医院发热门诊日常最多接诊二三十个病人，而当时一天要接诊七八百甚至上千个病人。

我是被感染者，也是医生，我有责任把自己的经历告诉惊慌失措的人们。大年三十晚上，我坐在床上，用手机逐字逐句敲下了几天来的隔离治疗经历，并发布在我的微信公众号上，没几天，阅读量就超过1500万，留言14000多条。有人在后台留言说：周医生，我和家人每天都很害怕，但是看了你的文章，心里安定多了。

还有人称我为"网红医生"，但我知道，作为一名医生，我的战场绝不只是在网上。

武汉是我的家乡，那些不幸被感染者，是我们的同事、同学、亲戚、朋友，甚至家人，保卫武汉就是保卫我们自己。我们没有退路，必须跟病毒死磕到底。

2月8日，隔离期一结束，我立刻打电话请战。一开始，家里人都不情愿。我的母亲每天在电视上看到在前线奋战的医生护士都忍不住抹泪，但轮到自己儿子上场就犹豫了，她说："你都被感染了，救人也不缺你一个。"我告诉妈妈："我是一名医生，我的职责是治病救人，这个时候躺在家里，是会被人笑话的！"

2月9日，我作为第一批医务人员来到了同济医院光谷院区新开辟的战场，开始收治新冠肺炎重症病人。

送到ICU的大都是极危重患者，而我们，也成为守护生命最后一道关口的守门人。ICU病房，不同于普通隔离病房，这里的插管、气管切开的病人多，而空间又比较狭小，各种喷溅物和高浓度气溶胶成为医护人员最大的威胁，门把手、电脑键盘、地板上……凡是暴露在空气中的物品，几乎都有病毒。为了减少暴露风险，有的人一整天不喝水、不吃饭，有的人甚至穿上了尿不湿。

记得刚刚进入ICU的最初几天，我经常会有幻觉，觉得口罩周围漏风，觉得皮肤黏膜裸露。在面对这个人类前所未见的疾病时，心理上、生理上的压力，令我们几近崩溃。

更让人崩溃的是面对病人生死一线时的无力感。有的患者刚才还在吃饭，一转眼，病情就急转直下，还没等我们反应过来，心电图就成了直线。

深深的挫败感，让我和同事们十分痛苦。挡在我们面前的首要问题是，必须把病亡率降下来！

分析手头上的病例，我们发现，导致危重症患者病亡的首要原因并不是肺部感染和呼吸衰竭，而是全身多脏器损害。医院领导立即拍板，多学科联合的重症治疗攻关团队诞生了，全流程守护，全天候待命。病友们说，这是与死神较量的"生命特战队"啊。

我有幸成为特战队的一员，担任护心小分队一线负责人。

我在ICU工作的52天里，救治的病人很多很多，但有一个人，我一辈子都不会忘记。

他叫老程，今年50岁。

2月12日，老程转入我们ICU病房，生命垂危。

但是，老程是我见过的最坚强的患者，病痛的折磨，家人隔离失联带来的伤痛，都没能打垮他。只要处在清醒状态，他就把眼睛睁得大大的，他说："我怕一闭眼就永远睁不开了！"

老程的坚强，深深地打动了我们。大家心里都憋着一股劲，哪怕只有百分之一的希望，也要付出百分之百的努力。

但是，该怎么救？！

要知道，在他之前，和他类似的危重症患者极少能闯过这一关。

每天下午三点，同济医院光谷院区学术报告厅都会召开疑难病例讨论会，老程是我们讨论最为激烈的病例。

讨论的焦点，最后落到上不上 ECMO、什么时候上 ECMO。但是在新冠肺炎危重症患者的救治中，我们使用 ECMO 的经验十分匮乏。

作为护心小分队的 ECMO 技术负责人之一，最后，我决定：上，而且要尽快上。我知道，这是一个带有冒险性质的决定，一旦有闪失，我的职业生涯将留下不光彩的记录。我更知道，如果不去拼死一搏，老程几乎生还无望。

2 月 19 日上午，手术开始了。

我们穿着防护服，戴着面屏、护目镜、口罩，为了防止意外刺伤和暴露，我们戴着四层手套。

厚厚的护目镜不一会儿就雾气重重，为了看清老程脖子上的血管，我和他几乎是脸贴着脸，开始了手术。

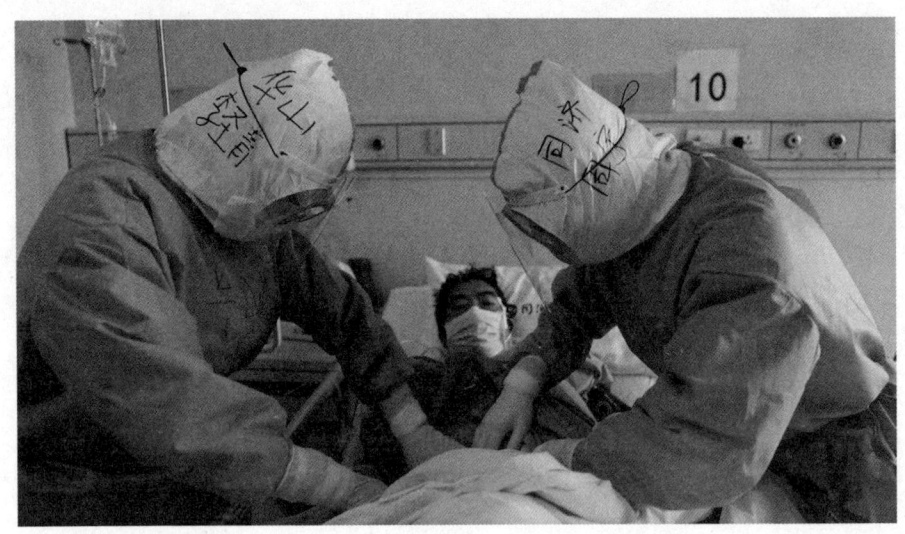

深呼吸，稳住。

血管穿刺、送入导丝、送入鞘管、联机循环。

当鲜红的血液从 ECMO 管道中奔腾而过，ICU 里的同事们激动得拍起掌来。

老程，接下来就看你的了！

随后的日子，我们护心小分队与其他各个小分队紧密配合。

只为一个目标：救活老程！

一天过去了，两天过去了，三天过去了……

那些天，所有人都在等待结果，但所有人都不敢谈论结果。

功夫不负有心人！2 月 27 日，上午 11 点 30 分，老程成功撤除了 ECMO。

撤机那一刻，我忍不住欢呼起来："你活过来了！活过来了！活过来了！"这一幕在网络上打动了无数国人。

19 天，456 个小时，一批又一批医务人员的日夜接力坚守，我们终于从死神手中把老程抢了回来！

在老程恢复期间，我拉着上海援鄂医疗队的亲密战友，华山医院的李圣青教授、陈澍教授和张静护士长，来到老程的床边，我对他说：老程，你要记住眼前这三个人，是他们在为我们湖北、为我们武汉奋战！

老程是不幸的，也是最幸运的！他一个人的救治，几乎动用了同济医院所有的医疗力量，据测算，救治这样一例极危重患者费用高达数十万甚至上百万元，而这样的事，在同济医院、在武汉、在湖北，每天都在发生着。

在阻击新冠病毒的战斗中，我最信赖的是和我肩并肩、背靠背作战的战友。让我尤为钦佩的，是我们的防疫一线的护士姐妹们。

ECMO 治疗最难的不是植入，而是维护和管理，任何一个处置不当，就不是救命，而是致命，所以需要 24 小时守护。我们的护心小分队只有 7 名护士，4 小时轮班守一个 ECMO 病人，每小时需要检测的数据达数十种之多，工作量极大。而且，随时还会遇到各种突发并发症。

天深夜，病人老杜的 ECMO 管道突然出现大量血栓而不得不暂时停机。而他是一个生命高度依赖 ECMO 的危重病人，长时间停机，等待他的，必然是死亡。必须尽快更换管道，他才有一线生机。

凌晨，我从隔离酒店开车回到医院。刚刚交班疲惫不堪的护士张盼盼，二话不说，重新穿上防护服，跟着我冲进了 ICU。电光火石之间，迅速为病人更换了 ECMO 管道，老杜的生命线再次被接通。

像张盼盼这样的"90 后"护士还有很多，他们平时玩美颜、爱自拍、打打闹闹像孩子，但关键时刻，他们化身为勇敢的战士，拉得出，扛得起，顶得上。

老程结束隔离回家那天，有媒体记者守候在医院门口，他对着镜头说："下半辈子要当两个半辈子去用。"现在，老程身体恢复得很好，已经在工地上干活，再次扛起了一个男人在家庭中的责任和希望。前不久我过生日的时候，他还打来电话祝我生日快乐。

疫情是一场大战大考，经此一役，我和我的病人已经是患难之交、生死之交，因为我们都拥有同一个称谓：英雄的武汉人！

没有一个严冬不会过去，没有一个黎明不会到来。4 月 24 日，同济医院新冠肺炎重症患者清零；26 日，新冠肺炎患者清零。在这次抗击疫情中，武汉确诊患者总体治愈率达 94%，全省成功救治 3000 多位 80 岁以上、7 位百岁以上患者。

正是习近平总书记"不遗漏一个感染者，不放弃每一位病患"的重要指示，正是党和政府"不惜一切代价"的投入，正是 14 亿中国人民同呼吸、共命运，肩并肩、心连心，创造了人类与疾病斗争史上的奇迹。

　　既然选择了一身白衣，就要担负起这份责任。在今后工作中，我将以真情回报真情，用生命护佑生命，以实际行动致敬英雄的武汉人民。

　　谢谢大家！

华雨辰

心中的诗和远方

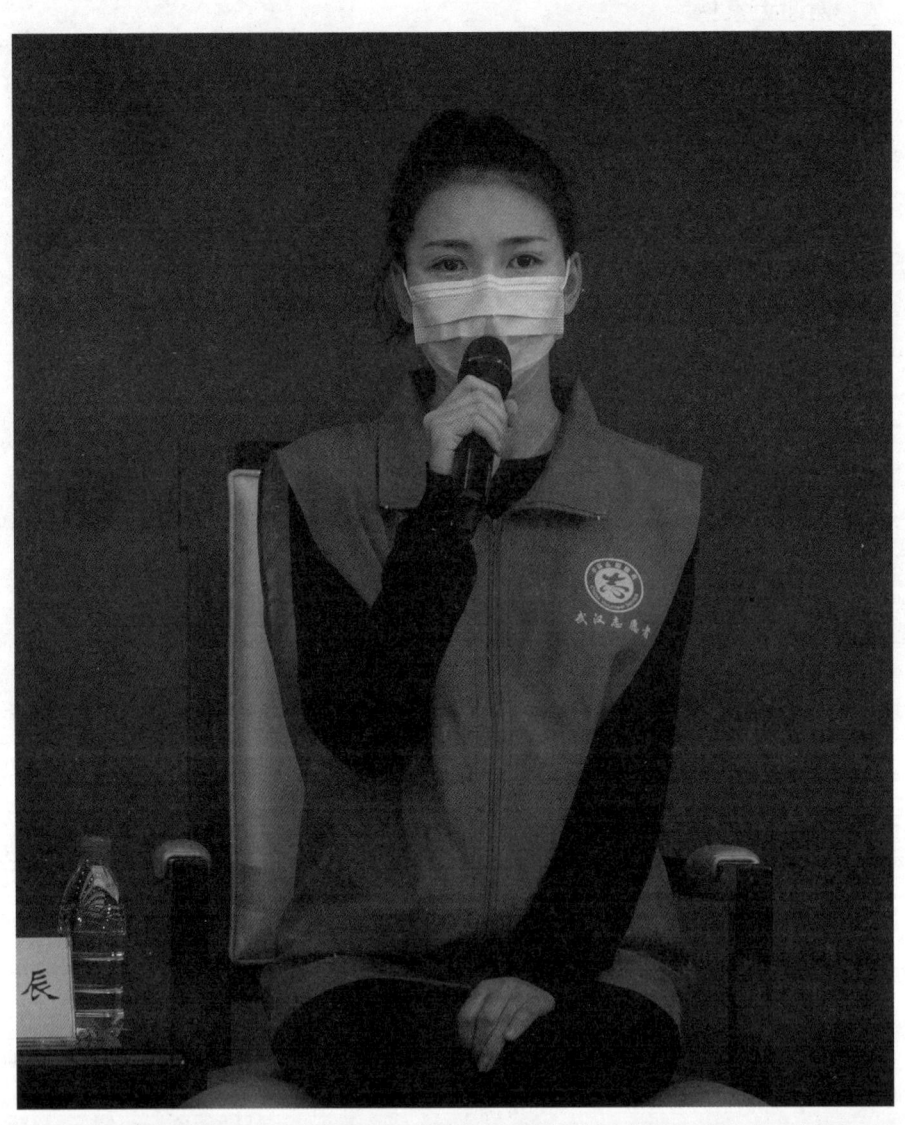

华雨辰，1990 年出生。

武汉市青山区钢花小学音乐教师。

2020 年 9 月 10 日，荣获 2020 年"最美教师"称号。

2020 年 9 月 8 日，被评为"全国抗击新冠肺炎疫情先进个人"。

2020 年 9 月 29 日，当选"抗击新冠肺炎疫情全国三八红旗手"。

自新冠肺炎疫情发生以来，她积极投身志愿服务活动，先后从事接送医生护士上下班、配合交警测量来往车辆人员体温、装卸和搬运物资，以及在方舱医院担任播音员等志愿服务工作，平均每天服务 8 个小时，最长的时候超过 12 个小时。她还带领学校花儿合唱团云合唱，用天籁童音传递温暖。

青春感言：

我想用我的行动教会孩子们，国家有难，匹夫有责，一个人的挺身而出是烛光，千百人的奉献就是太阳。

一张照片，让她闯入时代的舞台

2020年4月8日0时，武汉正式解除离汉通道管控。76天的坚守，英雄的武汉正式重启。

武汉"重启"后，在武汉市青山区钢花小学开学的第一天，同学们背着书包，排成长队，叽叽喳喳地说话，一个个地挪进体温检测小棚里，再从另一边挨个儿跑了出来。

"华老师好！"刚到校门口的学生们，凑在一起，异口同声地叫着。

华雨辰微笑着挥着双手，对同学们说："早上好呀。"她笑起来，眼睛像弯弯的月牙儿，似乎那满满的笑意从眼睛的湖里倾泻而出，流淌到学生的心里。

有腼腆的学生，站在门口，不说话，用崇拜的眼神看着华老师，她主动走过去跟学生打招呼："hello，你好呀。"腼腆的学生顿时开心地笑了起来，也挥着自己胖嘟嘟的小手与华老师打招呼。

7点50分，位于武汉市青山区园林路上的钢花小学，听不到车流的轰鸣，清脆的鸟叫和孩子们的嬉闹声让校园顿时鲜活起来。学校里两座4层白色教学楼正对着，中间夹着一圈绿色的跑道，五六棵小树苗划出了运动跑道和篮球场的界限，它们不是泾渭分明，而是相互取暖。

绕过学校花坛，在一块巨型电子屏后面办公室的门上，挂着"华雨辰工作室"牌匾。那是属于"全国十大最美教师""最美志愿者"华雨辰的空间。

成立仅半年的工作室里面存放的每一个奖牌或证书，都代表着主人公非同一般的经历，譬如湖北省五一劳动奖章、全国"三八红旗手"、"最美志愿者"、"年度网络感动人物"等。在一个上了锁的柜子里，隔着玻璃能够清晰地看到里面存放着教师技能竞赛类奖状、省级表彰奖状及国家级表彰荣誉证书。

柜子对面是照片墙，有湖北省委书记接见她的合影，有与"抗疫英雄"张定宇的合影，有在央视节目现场直播的照片。在短短1年的时间里，这些珍贵的荣誉，像堆积木似的，迅速将"90后"华雨辰推到了网络流量的顶峰。媒体的频频报道，让华雨辰感觉自己像"过山车一样"，她没想到自己真诚的善举，会给自己带来很多"意想不到"的惊喜。

2020年1月23日，除夕的前一天。这一天，武汉因新冠肺炎疫情"封城"，900多万武汉市民居家坚守，抗疫斗争进入"隔一座城、护一国人"的攻坚阶段。华雨辰跟大多数武汉人一样，带着点愤怒、护短的小情绪。

那一天，她在微博上看到疫情暴发后，一位武汉妈妈带孩子出省旅游，被酒店拒绝入住，带着孩子回家也困难重重。刚开始她以为网友会跟自己一样，"觉得妈妈带着孩子在外漂泊不容易"。她仔细浏览评论，前10条却都在说："你是武汉人，你还有脸在这发牢骚，你跑出来干吗，你不是祸害人吗？"华雨辰气不过，在评论下方留言回复，帮武汉妈妈争辩，马上被网友回怼："又来个武汉人。"

事后人们才知道，新冠肺炎疫情是百年来全球发生的最严重的传染病大流行，是新中国成立以来我国遭遇的传播速度最快、感染范围最广、防控难度最大的重大突发公共卫生事件。

"封城就封城，我们的城，我们自己守。"这个"90后"姑娘气愤不过，在微博上发了一条动态。半个小时后，心里觉着还是不痛快，又在微信朋友圈写下了同样的话。

她决定用实际行动来做些力所能及的事情。她开着自己的车，戴上口罩，梳着高马尾，出门做了志愿者。

"最坏的结果？"她想过，就是被感染。但自己年轻，只要防护得当应该问题不大。

在她有限的记忆里，灾难是"98抗洪"，她的父亲在长江旁扛着沙包抗洪；2003年，"非典"肆虐横行时，她亲眼所见学校给每个学生发板蓝根；2008年，汶川地震，她从电视中了解全国人民驰援汶川。那种爱心汇集的河流，让她备受教育。虽然那时她还是名学生，但国家有难，人们就该挺身而出，却在她的脑海中生根。"我终于也能够像自己的父亲一样，为自己的祖国做点事了。"华雨辰说。

媒体记者跟踪采访，还原了华雨辰抗疫生活的寻常一日。

2020年2月19日9时，华雨辰赶到武东货场，帮忙卸下一箱箱25公斤的消毒水。两小时后，她赶往青山区方舱医院播音，给患者送生日蛋糕；中午坐在外面台阶上，吃盒饭。14点，开车30公里，赶到武汉绕城高速出口北湖收费站，接下来的 6 个小时，她站在路边为进出城的车内人员测量体温。20 点，开车离开收费站，去青山区青少年宫协助分发物资。23 时 30 分到家，花一个小时左右整理次日要用的播音资料，凌晨两点睡觉。

突如其来的疫情，让素有"九省通衢"之称的武汉，仿佛瞬间被堵住了毛细血管。两万多名青年志愿者挺身而出，他们散落在方舱医院、交通要口、商超、社区等角落，协助搬运物资、小区管理、物流运输等工作，像一颗颗"螺丝钉"，维系着每个环节的运转、流通。

"一个机器正常运转，离不开那些小齿轮。"华雨辰赞同媒体把志愿工作比喻为"螺丝钉"，"它可能发挥的作用不大，只要有就能够派上大用场。"

华雨辰"走红"却十分意外。一张照片，她穿着橙色的马甲，拦车测温，意外火遍了全网，让她从武汉两万多名志愿者中脱颖而出，站到了时代的舞台上。

一条微博，将她推向风口浪尖

新闻媒体对普通人的善举，总是在第一时间快速传播。华雨辰亦不例外，从省级媒体到中央媒体，对她的报道从"抗疫中最美'90 后'教师"到"武汉战疫全能志愿者"；赞誉从"凡人英雄"到武汉抗疫"巾帼

英雄"。这些新闻，像爱的火炬迅速传遍祖国的四面八方。

人们通过新闻报道，认识了这位美丽、奉献、无私、有担当的志愿者，她似乎成了新时代青年的代名词。

2020 年 2 月 22 日，中央电视台新闻联播用 2 分 25 秒的时间编辑了一段新闻特写，《华雨辰：做最快乐的"螺丝钉"》。次日，华雨辰意外接到一个领导电话，通知她参加一个活动。领导只是强调："到时候如实回答就好。"

次日（星期日）下午 4 时，在湖北武汉举行国务院新闻办记者见面会，时任国务院新闻办新闻局副局长袭艳春介绍说："这是国务院新闻办在湖北武汉举行的第三场新闻发布活动。疫情发生以来，无数普通的工作者默默奉献，团结奋斗，为战胜疫情做出了突出贡献。今天我们就请来了五位普通工作者，走上国家权威信息发布平台，和我们分享一下他们的故事。我先介绍一下他们：武汉市金银潭医院南四病区主任余亭，中日友好医院援鄂医疗队护理组组长赵培玉，武汉市公安局硚口分局局长张晓红，外卖骑手吴辉，武汉市青山区钢花小学音乐教师华雨辰。"

华雨辰首次参加国务院新闻办公室举办的记者见面会，她有些发蒙，在忐忑与紧张中，她迅速地调整自己，面向全国观众讲述武汉抗疫志愿者鲜为人知的一面："我们这群志愿者们来自各行各业，不同的年龄段，可能疫情结束以后，我们脱下口罩，在街上碰到了也认不出彼此。但是此刻，我们却因为想守护家乡，自发地团结在一起。"

新浪工作人员看到华雨辰发言后，觉得她讲得平实、感人，建议她做微博认证。她给了身份证等信息，并发了一条感谢网友的话。

也是在当晚，"最美志愿者"华雨辰，正式被推到了流量的顶峰。任何事情都有正反两面，当赞誉有加的同时，裂缝也出现了。

一夜之间，质疑、谩骂、讥讽从这个缝隙里，像涌水一样喷薄而出。"作秀""想红"的质疑声盖过了"最美志愿者"。

那天，有朋友发信息告诉她，她上了热搜。华雨辰欢喜地去看，高兴劲儿像太阳一样还没有出来，迎接她的却是暴风雨，她怎么也想不通，自己"怎么会被骂到热搜第二了呢"？

不懂得汹涌的舆情里，暗藏着"杀"机，倘若越想为自己辩解，等待的绝对是"万箭穿心"的下场。华雨辰亦是如此。她首次面对舆情的裹挟，决定用自己的善意去解释，结果她将一位牺牲的志愿者姓名打错了，招来更猛烈的谩骂。她的心情就像坐过山车一样，从最高点，一下子坠落到了谷底。

"挺懊悔的。"华雨辰说，不是因为网友的言论，而是觉得挺对不起牺牲的志愿者。

"武汉志愿者华雨辰"的微博阅读量一度高达 1.5 亿，讨论 7804 条。有时，她忍不住拿手机翻看评论，一条条地往下读，有人说她"吃人血馒头"，有人要"新冠病毒带走她"，有人讽刺她是"假志愿者"。

被骂上热搜后，她的私信里每天有两百多条信息，但打开后无法显示。"可能是微博工作人员不想让我看到，主动帮我屏蔽掉了。"新浪微博工作人员建议她可以设置不可评论，华雨辰拒绝了。她认为，"关了反而会让人觉得我经不起别人的怀疑"。

带着沉重的思想包袱，华雨辰继续从事志愿者抗疫工作。有时值班，中午在路边吃盒饭，她坐在台阶上，边吃边哭，越哭越伤心；有志愿者举起手机拍她的这段视频，后来传到了抗疫志愿者的群里，很多素不相识的志愿者私信她，不要在意网民的质疑，认真做好自己手头上的每一件事情。"你是什么样的人，大家心里都清楚。"有了"战友们"的鼓励，她心里释怀了许多。

有天晚上，华雨辰在武汉绕城高速出口北湖收费站值班，半个多小时才有车辆经过。她一个人低着头，踢着路上的小石子，看着一块石头在地上滚动，从左边，踢到了右边。有志愿者知道她伤心，也跑过来跟着她一起踢过来，踢过去，小石头在两个人之间飞快地旋转、移动、跳跃。那一刻，她感到被人关爱的温暖。

"有那么几天，就感觉自己好像走到死胡同里出不来了，幸好身边有群正能量的朋友，他们一直鼓励、安慰我勇往直前，不要被流言所中伤。"华雨辰坦陈，被网友误解对她来说"是个重大的挫折"，同时也让她学会了在逆境中坚强。

在此，华雨辰呼吁网民："即使有所质疑，也要基于事实之上，而不是通过一些臆想武断地给予评价，这样会伤害很多的人。"

一夜成名，"不是命运选中了她"

华雨辰没有"出名"前，和其他被父母宠爱的"90后"独生子女没有什么两样，整个国家已经告别了饥馑岁月，一切都温暖顺遂。高考结束后，被父亲的母校华中师范大学录取，学的是音乐专业。由于成绩优秀，她有机会和恩师一起站在央视舞台上表演。那时，她觉得自己很平凡，从没有想过自己会"出名"。

大学毕业后，作为免费师范生，被分配到钢花小学，成为一名音乐教师。

刚站在讲台上，一二年级的学生，有的对音乐没有什么概念，注意力不集中；有的在课堂上打闹，不听指挥；有的在课堂上玩耍，没有纪律意识。面对这些现象，华雨辰缺少经验，偷偷在办公室掉了好几次眼泪。她虚心向年长的老师请教，学会了如何与低年级的同学们交流沟通。从此，她的音乐课开始受到学生们的欢迎。

钢花小学李盈老师介绍说，她的"想法挺灵活"。学校开设了一门综合实践课程，华老师为了吸引同学们的注意，找了一段西游记的片段，让同学们在课上模仿配音，搭伴表演，学生们特别喜欢。

"她专业知识扎实。"钢花小学校长叶瑛说，华雨辰上班第一年，赶上了钢花小学10周年校庆。当时学校请了青山区各学校领导、老师前来

观看表演。华雨辰穿着一袭蓝裙，带着点民族风特色，在台上一亮嗓子就震住了全场，"不夸张地说，民歌像她唱得那么专业、纯正的并不多"。

钢花小学党支部书记柳静彼时还不在学校就职，作为嘉宾前来观看，至今还记得华雨辰在台上唱歌的样子。

后来，学校想推出戏曲课参加武汉市教育系统的比赛，华雨辰被点名作为戏曲课的授课老师。她知道要扮唱一段贵妃醉酒，其一颦一笑，唱腔、身段、眼神都极为讲究。她为了唱得惟妙惟肖，专门跑到武汉京剧院找专业老师系统地学习，并纠正自己唱腔的错误。到了正式上课时，校长叶瑛的印象中，"诠释得很精准"。

华雨辰上课，喜欢弹着钢琴，让学生们围坐在一起，一句一句地教他们唱歌。她认为，这样教唱，学生们不易跑调，而且比较适合背歌词，熟练旋律。练一首新歌基本一节课的时间就能完整唱下来。

勤奋、认真，对喜欢做的事情非常投入，她参与辅导花儿合唱团，带了两届，"每次合唱比赛都是最高的奖项"。叶瑛觉得华雨辰专业技能突出，综合素养全面。可能得益于华雨辰读了在职研究生，而且还拿了国家二级心理咨询师的证书，"这在年轻老师里很难得"。在工作中，华雨辰还获得了不少荣誉：武汉市合唱优秀指导教师、武汉市小学音乐优质课一等奖、湖北好课堂一等奖。

华雨辰这代老师富有爱心。柳静说："他们会站在别人的角度思考问题，懂得考虑他人的感受。"柳静零星了解到，华雨辰利用休息的时间，志愿去给自闭症的孩子做辅导；寒暑假，自费去贫困山区，跟留守儿童唱歌、玩游戏。

对于华雨辰做抗疫一线的志愿者，李盈老师一点也不惊讶。她说，之前几个同事一起开车出去吃饭，前面发生了车祸。华雨辰和同事们第一时间下车，跑过去帮忙，"那完全是不顾个人安危本能地去帮助别人"。

武汉疫情结束后，华雨辰被称为"最美志愿者"。柳静觉得"不是命运选中了她，而是她本身就有一颗志愿服务社会的大爱心"。

一群人，担心这个"90后"吃不消

武汉绕城高速出口北湖收费站测温点临时党支部书记张忠，第一次见到华雨辰是清晨6点左右。那时，天还没亮，他看到华雨辰背着白色的大帆布包，包上印着卡通图案，里面还装了一瓶水。张忠心里犯嘀咕："她能做啥事？"

通过接触，他才发现华雨辰不是"绣花枕头"，而是"女汉子"。有次搬运援助物资，50多斤一箱的84消毒液，她抱着一点点往下挪，消毒液不小心漏出来，沾在黑色的裤子上，褪色得白一块黑一块。她视而不见，直到完成手头的工作，才去处理自己的事情。还有一次，外地大货车装满包菜运送到武汉。华雨辰帮忙搬的时候，泥巴、烂叶子巴在手上、衣服上，一整身儿蹭得脏兮兮的。她毫无怨言。

"这都是我亲眼见到的，不是听谁说。"张忠说，2020 年 2 月中旬到 3 月中旬，全国各地的物资源源不断地送到武汉，每天都有高强度的搬运工作，自己晚上回家脱下羽绒服，里面全是汗水干了的污渍，连成一片。"你想，对一个女孩子来说，更难。"

慢慢地张忠改变了对她的看法，他发现华雨辰勇敢、坚强，是个务实的青年。在疫情期间值岗，大家累得不行，坐在台阶上，看着手机也不说话，就她爱通过歌声来活跃气氛。

武汉市青山区抗疫志愿者胡勇，曾和华雨辰一起在二七长江大桥值岗。最冷、最难熬的是在桥面上帮人测体温。那时，长江上的风像刀子割在脸上一般疼痛，躲也没地儿躲，只能迎着风口，在路边硬扛着。胡勇说，端在手上的饭盒，刚拿到手里是热乎乎的，风吹过来，饭菜立马凉透了，站在风里，赶紧扒拉两口吃完，时间长了，根本无法下咽。

胡勇刚见到华雨辰时，心里就叫苦不迭："这个小姑娘能干得长久吗？"

晚上运送物资，胡勇从二七长江大桥经过，看到华雨辰拿着测温仪站在路口，对每个过路的司机点头，微笑，并跟每个人说，"请配合一下"，就像在学校跟同学说话一样。哪怕头发吹得飞了起来，她也没有叫一声苦，认认真真地完成轮岗值守一个星期。

胡勇和同事谈起华雨辰的表现，时常感慨说得最多的就是三个字"没想到"，"在疫情时，国家需要时，她能主动承担责任"。他认为，

"华雨辰挺能吃苦，而且从不找任何借口请假，这种特质确实值得我们学习！"

那时，胡勇在微博上看到很多网友骂华雨辰，说她矫揉造作，说她是个花瓶志愿者。他心里挺为这个小姑娘抱不平的。

疫情期间，父母看到华雨辰每天早出晚归，就问她每天在忙什么，她坦陈自己在做抗疫志愿者，妈妈愣在沙发上半天没出声，眼泪唰唰地往下淌。爸爸看了很着急，用商量的口吻跟她说："要不，爸爸替你去吧。"

华雨辰耐心做父母的思想工作，请他们支持自己的行动。她的爸爸十分怀疑，平时没有吃过啥苦的女儿，能够干好志愿工作吗？有次，她爸爸听在方舱医院住院的熟人说，"华雨辰不仅声音甜美，而且还能活跃气氛，很受大家的欢迎"。

华雨辰的爸爸听了十分欣慰，感觉女儿长大了，懂事了。不仅能照顾自己，而且还能帮助别人。

彼时，韩国电影《流感》在网络上疯传。电影里因为一个患了流感的人去了超市，快速感染了更多的人，整座城被封锁。华雨辰看了之后，心里十分害怕，"你说生活怎么可能和电影是一样的，但是越往后走越觉得好像是那么回事，那是最悲观的"。在这种无助的日子里，她也不好让父母知道，怕他们担心或改变想法不让她做志愿者。每天深夜回到家里，她躺在床上，一张张地翻开宣传小组发到群里的照片，都是当天的工作照，看到一个个真实的个体，她似乎看到了希望。"只有每个人发出一分光，这个世界才会有美好的明天。"她这样说服自己。

在一线，她交了入党申请书

在最缺人手的时候，为什么要成立宣传小组？

起初华雨辰不理解，宣传小组的人也不理解，想放下相机去帮助大家。后来，华雨辰发现，"那是一种外力的支撑"。

刚开始一个人一辆车，豪气万丈地出发，后来浑身装备越来越严密，新闻上的确诊人数也不断攀升。轮岗值班时，志愿者之间不提新闻里的信息，甚至不当其他人的面叹气。因为一个人的悲观，可能会变成悲情的海。华雨辰自己对不确定的疫情，也充满本能的恐惧。她把宣传小组每天发的志愿者帮助他人的照片看成"情感的支柱"。华雨辰微笑着问："回到家里面你靠什么支撑？第二天你得重新站起来继续去拼搏，就完全靠自我调整吗？"

在方舱医院里，临时搭建的播音台子上，华雨辰感觉自己"被需要"来得更为直观。她作为主播，有患者想听邓丽君的歌；有患者想听抖音神曲；有患者想做广播操。她就像位优秀的厨师，结合患者的口味不停地调整，尽量满足每个人的需求。

与病房一墙之隔的过道里，华雨辰最喜欢读《告治愈者书》："虽然离别总是伤感的，但这次的离别却又是喜悦而振奋人心的，感谢您对抗疫工作做的贡献，祝愿您出院后身体健康、家庭团聚……"

华雨辰说，有的时候回去再想，我们做这些事情到底有多大的作用，后来一想，再小的作用它也是作用。

2020 年 2 月 6 日，四川汶川一位村主任，带领着 6 辆大卡车，飞驰 20 多个小时给武汉送来物资。车上贴着红色横幅："武汉不怕，我们来了！""汶川感恩，武汉加油！"村主任介绍说，当年汶川地震，他们村有 100 多名伤者在武汉得到免费救治，这次他代表村里感恩而来。华雨辰眼睛湿润地说："只有亲身经历那一幕，才能感受到震撼，那种感动让人情不自禁地泪眼模糊。那时，心中不知道从哪里来的一股力量，相信武汉永远不会输。"

在搬运物资时，华雨辰结识了一位大姐，彼此都不知道对方叫什么。有时一起坐下来休息，华雨辰好奇地问对方从事什么工作？对方说自己是在邮局工作，每次都是利用下班后的时间出来帮忙。那一刻，华雨辰真实地感受到身边的每个人都是那么地伟大。在疫情面前，武汉人都不愿做逃兵。

她开始思考爱的力量与源泉。

值班时，有新志愿者加入，别人总会问："你为什么要来当志愿者？"有人回答，"我是老党员"。有新的任务要上，华雨辰报名参加，当对方问："你是不是共产党员？"她不好意思地摇头。对方说："不是党员的往后撤。"有共产党员过来安慰她说："等我们都倒下了，你再上吧！"

说到这里，华雨辰哽咽得说不出话来。她说，听到共产党员那发自内心的朴实语言，自己的眼泪会不由自主地在眼眶里打转。"这种信仰是真实存在的。""以前在电视上看到这些场景，总认为不真实。当自己亲历之后，才知道，共产党员在危难面前总是自觉地冲在第一线。"

为了不做时代的落伍者，同时希望下次有机会像真正的共产党员一样，冲锋在最危险的地方，华雨辰在一线，庄重地递交了入党申请书。

"90后"的华雨辰，刚开始跟很多青年一样，总觉得书本上的民族精神距离自己很远，总觉得这一代共产党员跟以往的"老革命"不一样。"疫情给我上了生动的一课。""好像瞬间把我们为什么而活着的那种底色翻了出来。"华雨辰认为，这种"底色"，就是"国家有难，匹夫有责"。

她回顾抗疫志愿工作时的感受，最大的感触就是"举国同心"。"哪一次不是举国同心，哪一次不是人们拼尽全力？"

不单单是在抗疫中、抗洪中，这个"90后"姑娘真切地感受到，"这种民族精神，一直在延续"。

三尺讲台，是她心中的诗和远方

2020 年 4 月 22 日，华雨辰正式和抗疫志愿者身份告别，参加完在康复驿站的仪式，结束了最后一天的志愿工作。她把自己的抗疫物品一部分捐给了"人民至上生命至上——抗击新冠肺炎疫情专题展览馆"，一件衣服捐给了母校华中师范大学博物馆。

在抗疫的日子里，无论是老师、工人、老板，所有人都只有一个名字——武汉志愿者。这群最可爱的人，他们践行"聚是一团火，散是满天星"的信念，将自己的大爱书写在武汉最艰难的时刻，让成千上万的人感受到爱的温暖。

华雨辰从没有想到，她在疫情期间一瞬间的决定，改变了她人生的轨迹。

灯光、鲜花、掌声，让华雨辰变得有些不适应。她原本是一个普通的老师，没想到疫情结束后，那么多人关注她，让她像是突然被剪辑进一段激扬的片段，成就一场极度高光的另面人生。

她登上了央视，带着学校花儿合唱团参加《经典咏流传》的表演；录制专题纪录片，在中央媒体平台发布；站在不同领奖台上，接受各界给予的荣誉；参加 20 多场宣讲活动，分享自己的抗疫故事。

在办公室的一张日历上，写着"进京""《开门大吉》录制"等行程，右边贴着一张青山区钢化小学 2020～2021 学年度第一学期的作息表。

更真实的作息是，李盈记得有次陪她去外地一家电视台录制节目，从下午到凌晨2点才结束，到了酒店，大家都累了，她还捧着手机处理采访、宣讲等事情。

"舞台的时刻，很惊喜。但是下了舞台，还是要回归自己的生活。"

华雨辰有时坐在沙发上，看着对面柜子里的荣誉，也在思考，自己"走红"十分意外，有很多志愿者比她更优秀，只是没有人知道罢了。她说，"自己做志愿者并不是为了走红，只是想在疫情期间做些事情"。但是"荣誉上真真实实地写的是我的名字，我身上要承担的责任就更多"。

她仔细思考，还是要回归本职工作，"未来如何站好三尺讲台，如何让自己在教书育人上做得更好"。

当生活慢慢步入常轨，灯光熄灭，掌声停止，人群散去，日子回归平静，留下来的终究还是钢花小学教师华雨辰。

她觉得在校园是"最幸福的生活"。每天，她可以带着孩子们面对面地唱歌，用手捏一下他们的小脸蛋，拍一下他们的小脑袋。有小女生喜欢下课过来，挽着她的手，有说有笑地陪着她一起往前走。

她回到了自己的讲台。而当她出现在教室门口，场面不受控制了：孩子们一下子尖叫起来，在课桌前蹦蹦跳跳的。安静下来后，有小朋友一直把手举得好高，提问：老师，你不是在方舱医院吗？你怎么出来了？

华雨辰认真地回答：方舱里面的病人都已经出舱了。

还有小朋友提问：我妈妈也想当志愿者，但是因为有我，她就不敢出去。

华雨辰认真地回答：你有一个英雄的妈妈，一个好妈妈。其实在家里也是在战斗，出去也是在战斗。

华雨辰坦陈："我没有想到我自己会受到很大的关注，一开始只是想着回到学校之后，我可以有故事跟孩子们分享。但是到后来确实有一些报道出来之后，孩子们看到了。在他们知道之后，我就意识到我可能身上还需要承担更多的责任，告诉孩子们老师这么做了，是因为家乡祖国需要我们，当有一天你们长大了需要你们的时候，你们也要像老师一样站出来保护自己的家乡。"

2020年教师节后，华雨辰的教育事业有了新的起点。学校成立了"全国十大最美教师华雨辰工作室"，由华雨辰牵头，组建了合唱团教师教研团队，改变了从前合唱团教学中单枪匹马的状态，转为团队协作。李盈觉得，这对华雨辰来说，是个很好的机会，以工作室为载体，能让合唱团规范化、规模化。"工作室不是为了打造一个名师，而是未来承载了更多教育目标。"

华雨辰也认识到，接受了社会赠予的荣誉，但实际上这荣誉属于2万多名武汉青年志愿者共同的努力。"证书上写着我的名字，这意味着我要承担的责任就更多。"她利用周末时间和抗疫志愿者参与留守儿童的帮扶活动；参加了各级各类的宣讲工作，宣传抗疫精神。"我想只有让抗疫精神和专业相结合，才能走得更远。"未来，她希望把抗疫精神融入本职工作中，把肯担当、不怕苦的故事融进课堂，做好教育，培养好学生。

人的内心有两根琴弦，一根是魔鬼的琴弦，一根是天使的琴弦，而教师的责任就是拨动学生心中那根天使的琴弦。音乐老师华雨辰琴弦中流淌着天使般的纯净，而且还言传身教拨动学生那根天使的琴弦。她说："我之所以出来当一名志愿者，是因为我是一名教师，作为老师，要给孩子们做榜样。"

2020年10月9日下午，在武汉市抗击新冠肺炎疫情先进事迹报告会上，报告团成员、青山区钢花小学教师华雨辰动情地说："我们都是普通人，做着自己力所能及的普通事，但众志成城，微光成炬。"

报告会上，华雨辰讲了一个小故事，有天晚上她收到一条特别的语音："华老师，我今天在电视上看到您了，我终于知道您为什么每天那么晚才回复我们作业，原来您去当志愿者了！华老师，等我长大了也要做像您这样的人。"当时她哭出了声，学生的话让她感动不已。"那一刻我明白了身教重于言传，我想用我的行动教会孩子们，国家有难，匹夫有责，一个人的挺身而出是烛光，千百人的奉献就是太阳。"

三尺讲台，永远是她心中的诗和远方。

（雷宇 杨洁）

"志愿红"微光成炬

　　大家好！我叫华雨辰，是青山区钢花小学的音乐教师，我报告的题目是《"志愿红"微光成炬》。

　　2020 年 1 月 23 日，我报名参加了抗疫志愿服务。我的"守城"，是从接送医护人员上下班开始的，和其他志愿者一样在群里抢单，风雨无阻，随叫随到，足迹遍布了武汉三镇。

因为怕爸爸妈妈担心，起初我是瞒着他们的，我早上六点多就轻手轻脚地出门，不到九点已经送完三单，小心翼翼地开锁回家，直冲厕所洗消。妈妈发现每天早上厕所的地都是湿的，我还以为要暴露了，结果她很关心地问我是不是生病了夜里出虚汗。我松了口气，但觉得心里说不出的愧疚。后来我干脆说去学校值班，并在朋友圈屏蔽了他们。其实出门都非常纠结，他们就我一个孩子，我要是被感染了，或让他们感染了，都是大不孝。能不管爸妈吗？不能！能放下医务人员不接送吗？更不能！两边我都放不下。那时很多人跟我一样，养成了回家前在车里多待半小时的习惯，通通风，算是自我调节的心理安慰，上楼的每一级台阶都走得很沉重，特别是进门的那一瞬间，看到迎接我的二老，就更愧疚。

由于我的志愿服务岗位增多，出门的时间变得不确定，爸妈开始怀疑了，我只能坦白。他们特别惊讶，该有的埋怨和责备都有，但很快又陷入沉默。当得知我晚上要去二七长江大桥上配合交警测量来往车辆人员的体温时，爸爸说，要不，我替你去吧！我说，老爸！我的免疫力比你强，还是我去吧！

从那以后，不管我多晚回家，家里的客厅都亮着。我在门外换鞋，他们就站在门口帮我消毒，不厌其烦地从头到脚一点点地喷消毒液，一点点地擦拭。等我洗完澡出来，他们就把家里过年囤积的、最有营养的排骨、牛肉，还有团购的鸡汤都留给我吃。他们就站在一侧看着我，嘱咐着：多吃一点，增加抵抗力。那一刻，我知道爸妈是在用他们自己的方式默默支持着我。

随着雷神山医院、火神山医院的建成，16座方舱医院拔地而起。这首《我爱你中国》就是我们武钢体育中心青山方舱医院的晨曲，舱友们每天早上都伴随这段音乐起床吃早餐，我们志愿播音员也在墙外的走道上坐下，通过临时搭建的简易播音台将声音传到舱内。我们希望在舱友们内心最惶恐的时刻，送去一分熨帖的关怀。我最喜欢播报的内容是《告治愈者书》："亲爱的舱友们，从您走进'方舱'的那天起，我们和您的舱友们，就一直陪伴在您的左右，与您一起度过了人生中最艰难而又最温暖的日子。今天，我们很高兴能够亲自送您离开。虽然离别总是伤感的，但这次的离别却又是喜悦而振奋人心的……"每次读到这里，我都很激动，这代表着又有一批舱友们将治愈离开，他们的离开更加鼓舞了大家继续与病毒战斗到底的信心，越读就越觉得充满了希望。

现在回想习近平总书记讲话中说的那句话"全中国等你痊愈，我们相约春天赏樱花"，心里特别感慨，武汉好起来了，湖北好起来了，这里倾注了太多人的汗水和智慧！

我是志愿者，也是一名音乐教师，有天晚上我刚洗漱完，躺在床上回复着学生们发来的作业，就在我逐条听着孩子们的歌声时，突然收到一条特别的语音："华老师，我今天在电视上看到您了，我终于知道您为

什么每天那么晚才回复我们作业，原来您去当志愿者了！华老师，等我长大了也要做像您这样的人。"当时我就哭出了声，回想着每天晚上开车回家，沿路看着寂静空旷的马路和马路两旁满满星光的居民楼，我知道那每一点星光的背后都是一个家庭，也是我和我的小伙伴努力守护的人们。学生的话让我特别温暖和感动，那一刻我明白了身教重于言传，我想用我的行动教会孩子们，国家有难，匹夫有责，一个人的挺身而出是烛光，千百人的奉献就是太阳。

我们青山区志愿者都在一个"125"的大群里，那是 2020 年 1 月 25 日建的微信群，群里会不定时发布各种机动性的任务，值岗测温、装

卸物资、布置病床、保障援汉医疗队等。除了我们"90后"，我也看到了很多"80后""70后"甚至"60后"的大哥大姐们一样冲锋在前，李勤大哥白天跟我们一起奋战，晚上还要在自己的工作岗位上坚守；志愿者李峰一直坚持接送医护人员，凌晨一两点接下夜班，早上五六点送上早班，怕自己醒不过来，手机里设置了无数个闹铃，坚持了70多天，"90后"的他因此头发花白了；九医院的热水器坏了，27岁的余靖在明知道自己不会修的情况下义无反顾地冲进去，外面的胡勇大哥视频连线教学，二人合力让医生们在大冬天里洗上热水澡。我们的队伍里还有太多这样的伙伴，他们常常说看到家乡有难，拼了命也要守好，甚至说："不能留下遗憾，自己把自己榨干！"这就是英雄的武汉人民，识大体、顾大局、不畏艰险、顽强不屈，自觉服从疫情防控大局需要，主动投身战斗！像我们这样的志愿者在武汉还有几万名，我们都是普通人，做着自己力所能及的普通事，但我们坚信众志成城，微光成炬。在疫情面前，我们以小我的微薄力量，构筑起保护家乡的抗疫城墙。这就是中国精神、中国力量、中国担当！

谢谢大家！

肖帅

志做"青年标杆"

肖帅，1993 年出生。

中建三局总承包公司安装分公司工程师，

中建三局火神山医院建设团队青年突击队队长。

2020 年 9 月，作为 8 名宣讲团成员之一于人民大会堂参加"青春在战疫中绽放"首场全国宣讲报告会。

2020 年 10 月，荣获中国建筑抗击新冠肺炎疫情先进个人、中国建筑抗击新冠肺炎疫情优秀共产党员等。

新冠肆虐，他于春节期间连夜"逆行"1400 公里援建火神山医院，担任工作最艰苦的青年突击队队长；留守维保，他不惧危险多次进入病区，70 多个日夜为火神山保驾护航；走上讲台，他将抗疫精神带到全国，引领广大青年"青春在战疫中绽放"；复工复产，他又一马当先，跑出复工复产新速度。

青春感言：

在最困难的时候冲锋在前，在最危险的地方冲锋在前，只要有人勇敢站出来了，就会有更多的人挺身而出。

从广州千里"逆行"武汉

肖帅，中国建筑三局总承包公司安装分公司工程师，中国建筑三局武汉火神山医院建设团队青年突击队队长，曾获评"中国建筑抗击新冠肺炎疫情优秀共产党员""中国建筑抗击新冠肺炎疫情先进个人"。

2020 年 9 月 21 日上午，由中央宣传部、共青团中央、中央军委政治工作部联合主办的"青春在战疫中绽放"首场全国宣讲报告会在人民大会堂举行。肖帅作为宣讲团成员之一，在首场全国宣讲报告会上讲述自己的抗疫故事。团中央书记处第一书记贺军科勉励宣讲团成员要做"青年标杆"。

2020 年 1 月 23 日，武汉，一场没有硝烟的战争打响，这是与疫魔的竞速，是对生命的加冕。

应武汉市政府要求，由中建三局牵头，参照非典期间北京小汤山模式，在武汉市蔡甸区火速筹建可容纳 1000 个床位的火神山医院。

远在广州与父母过年的中建三局员工肖帅，尚未察觉疫情的严重性。直到傍晚，他的手机提示音频繁地响起——

"是不是领导在群里发红包了？"肖帅摩拳擦掌做好了抢红包的准备，映入眼帘的却是数百条刷屏的报名信息，翻看记录才得知公司要组织员工抢建火神山医院。

"我是党员我得去！"肖帅琢磨着，"这么多人在微信群报名参加，谁能看得到你？"他干脆拨通了公司人力资源部的电话，开门见山请战武汉。

考虑到他远在千里之外，公司婉拒了他。肖帅一再解释，最终获得批准。

"一个人口上千万的城市，能让国家采取'封城'举措，可想而知疫情有多严重啊！"妈妈苦口婆心地极力劝阻。

考虑到妈妈的感受，肖帅一度有些犹豫，他常年在外求学、工作，一年才能回一次家，本就聚少离多。他通过网络搜索，发现武汉已成为疫情突发地区。他有些害怕："不会去了回不来了吧？"

"都报过名了，公司不会不管我们的。"片刻之后，他拿定了主意。

这个年轻的"90后"向来很有主见。

读小学时，肖帅的父母进城打拼，他在湖北咸宁老家和奶奶一起生活。父母在广州买房后准备接他到身边，他却坚决留在村里陪奶奶。就连高考填报志愿时，他自主报考东北大学，选择了心仪的电气工程及自动化专业。

1月29日下午，几乎没任何准备，还穿着过年时的皮鞋，肖帅独自驾车"逆行"武汉。17个小时，1400公里路程，次日上午10点，肖帅出现在火神山医院施工现场。

"三天时间里，只休息了 4 个小时"

其实早在 25 日下午，中建三局面向 8 个项目部成立了党员突击队。到 30 日时，距离医院交付只剩三天，为连夜赶工"做最艰难的事"，需要一批能够"在泥水里摸爬滚打干苦活"的建设队伍，一个包括室内安装、板房吊装、钢结构、室外管网等共计 6 个小支队，覆盖 2000 余人的火神山医院青年突击队就地诞生。肖帅担任突击队总队长并专门负责室外风机及水电安装。

一张航拍照曾在网上广为流传。泥泞的滩涂上，密密麻麻的挖掘机夜以继日地赶工，就像一只只在泥土上艰难爬行的蜗牛——那便是肖帅和同事们战斗的地方。

时间就是生命！肖帅来不及歇脚，急忙带领工人铺设风机电缆。

火神山医院是集装箱式板房结构，顶梁低，电缆线路错综复杂，但放置电缆的桥架只有手掌宽，工人们拖着长长的电缆来回穿行，正常情况下，这样的作业至少需要一周，然而他们的时间只有一个晚上。

那天夜里，寒风裹挟着阴雨打在他们身上。肖帅和战友们从东、西、南三个方向"兵分三路"摸索前进，靠着一股不达目的不罢休的拼劲儿，用一个通宵完成了近两千米的电缆铺设，按时完成组织交给的任务。

电路通了，还要安装室外风机。风机是负压病房正常运转的关键，要使病毒不向安全区扩散，必须靠室外风机形成压力梯度。

眼前的"铁箱子"单个长 3 米、高 1.2 米，十几个人才抬得动，风机总体量堪比整栋商业住宅楼，留给他们的时间却只剩一两天。由于工人们都分散在不同楼栋，肖帅只得亲自上阵，五六个人一起手抬肩扛，"人都抬蒙了"。

位于知音湖畔的火神山曾是沼泽地，踩在上面双脚都陷到泥巴里。肖帅穿不惯工地上发的防护鞋子，像绑在腿上的两个铁球，他干脆穿自己的皮鞋干活。

–3℃的气温，连续踩在冰冷的泥水里，肖帅的两条裤腿从来都没干过，皮鞋也很快被磨破，脚下时不时传来钻心的疼痛。他一开始没放在心上，后来才发现脚指甲开裂了，大半年后仍见瘀血。

对刚刚工作两年多的"90 后"肖帅而言，压力无处不在——

身为青年突击队队长，肖帅要协调各队分工、把握整体进度。时间紧急，任务艰巨，他既被无数的抱怨裹挟，又面临巨大的工作压力。

有超过 1900 万网友通过直播当起"云监工"，火神山一时成为国人关注的焦点。

而他，是那支肩负重任的青年突击队队长，不能退缩与犹豫。他要随机应变调配各种力量，带领大家硬着头皮向前冲。

距离医院交付不到一天时，急需增装 ATS 自动控制柜电力切换装置——用于紧急供电的高端精密设备。他们连忙从武汉各工地征调配件，联合供电公司和技术员连夜作业，无数次和厂家技术员视频连线后，终于在凌晨 5 点前组装完毕。

三天时间里，肖帅只休息了 4 个小时！

公司安排的住宿地点离火神山 2 公里，他们为了抢工程速度，24 小时驻守工地，困了就躺下休息一会儿，醒来继续工作。"管子上、塑料堆上……只要稍微软一点躺下就能睡着"。

还有一次是凌晨两点多，"连轴转"的肖帅实在是太累了，准备靠着风机休息一下，谁知眼睛一眯就是两个小时，醒后"连自己都吓了一跳"。

2 月 2 日上午 9 点，阳光洒在波光粼粼的湖面上，泛红的天际映衬着洁白的箱房，肖帅兴奋至极。在他眼前，一座总建筑面积 3.39 万平方米、可容纳 1000 张床位的火神山医院正式交付！

"主动请缨参与维保工作"

短暂的喘息终究没能超过半天。

中午时，肖帅再一次接到电话，医院要边使用边调试，这意味着要进入病房。肖帅下意识地问了一句："我会不会被感染？公司有没有给我买保险？"

虽然疑问中带有戏谑成分，但肖帅内心无疑忐忑万分，一则身处疫情最前线，二则对新冠病毒知之甚少，以为一旦感染致死率极高。

他心中的天平依旧倾向了勇往直前的一端，又主动请缨参与医院维保工作，进入病房内进行医院水电维修、更换带有病毒的排风系统滤芯，誓与疫魔抗争到底。

肖帅召集起突击队的 24 名"90 后"伙伴，拿出纸笔让大家回答两个问题：是不是党员、是否愿意留下。在他收回的纸条上，21 张写着"我是党员，愿意留下"，剩下的 3 张写着"不是党员，愿意留下"。

那一刻，暖流直抵心坎，不禁潸然泪下，"在最需要人的时候，大家勇敢地站了出来"。

挺身而出的何止这 24 人，经公司组织，200 多名同事在维保请战书上按下了鲜红的手印，被网友们称作"蒙面超人"。

这些"才下战场，又上火线"的"蒙面超人"，经常穿着防护服，戴着口罩、眼罩、防护面罩，"闷"在半污染区的楼栋里，暖气足且防护服不透气，往往十几分钟就全身汗湿。

每天，要与医护人员接打上百个电话沟通，步数破三万。凌晨 3 点疏通卫生间，凌晨 4 点为护士站保电护航。这些琐碎的细节，就是肖帅的日常工作。

不过，说到第一个穿上防护服进病区的人，大家都会脱口而出："是肖帅。"

医院运行初期，肖帅有二分之二的时间要深入病房。电线、桥架、灯具、配电房、落地柜、控制箱……"一切带电的物品都要他负责"。

第一次进病区前，肖帅反复对照 17 张教学图，足足两个小时才把防护服穿好。看到患者戴着呼吸机的样子时，他的腿不由自主地抖起来，好在顺利地帮患者解决了洗脸池下水管和空调插头问题，还顺便把设备运转情况检查了一番。

出病区后，细心的医生发现肖帅的防护服袖口松了，提醒他要注意个人防护，因为病毒是无孔不入的。肖帅十分感恩医生专业的提醒，同时他也要求突击队成员做好个人防护。毕竟，安全才是完成任务的前提与保障。

最常做的是更换灯管和疏通马桶。有时医护和患者体谅他们的辛苦，会主动帮忙处理力所能及之事，这让他非常感动，觉得人人都有一颗"仁心"，都在齐心协力对抗疫情。可一旦马桶堵了，医护人员和患者就束手无策了。

"一排12间病房，8个都堵掉了"，肖帅让同事在外面对照图纸拿对讲机指挥，自己进入病房操作疏通。

有一次，他在给疏通马桶的压力炮加压时，堵塞处还没被冲开，压力炮却已承受不住强大的压力，瞬间污物飞溅，肖帅的身上、面罩上无一幸免。后来他干脆直接用手疏通，外面三层手套都被磨破了，幸亏里层的医用手套没有磨破，否则后果不堪设想。

有空调不出风，他爬到病房外面的窗子上查看，不料面前的挂机突然转动起来。"当时很紧张，生怕风里带有病毒。"

好在有惊无险。24名队员最终零感染。

其实，肖帅的父母并不知道他在病区做维保，肖帅怕他们担心，谎称只是在建医院。

不过在他看来，维保工作比抢建医院"轻松"多了，只要不值夜班，就能开车到公司安排的酒店睡觉，这在以前根本不敢想象。

他长期出入病房，不仅劳动强度大，而且精神压力也很大。哪怕再疲劳，即便躺在床上，他也要整夜循环播放手机音乐才睡得着。

像很多"70后""80后"一样，他最喜欢刘德华，喜欢听《忘情水》《男人哭吧哭吧不是罪》，一首《天意》更是重复听了无数遍。

那段时间，他稍感头疼就涂风油精，两个月用了四五瓶。公司给他一包连花清瘟胶囊作为防疫物资，他一口气吃了五六粒，完全是"图个心理安慰"。

2020 年 4 月 15 日，在投入使用 73 天后，火神山医院休舱闭院。肖帅和他的团队顺利完成了维保工作。

火神山医院院长张思兵对维保团队表达了敬意："他们跟我们的目标是一致的，他们也是最美逆行者。"

"一个转身，竟成永别"

肖帅的生活也终于回归正轨。

一个月后，他专程驱车 30 多公里赶到已经休舱的火神山，在门口拍了一张照片。"在这里奋战70多天，竟没顾得上拍一张照片，想留下点记录将来把故事讲给孩子听"。

在那70多天里，有困难，有坚守，有温暖，也有感动。

一同前来的伙伴中，有人瞒着父母耗时3天辗转5种交通工具跨越3500公里赶来武汉，有人身患糖尿病挂着胰岛素泵赶到现场，更有同事在家人感染的情况下毅然投入战斗……

这期间，有23岁的队员争着抢着进病区，说"我年轻，抵抗力强，我先上"。

"谁不想'家人闲坐，灯火可亲'？没有生而英雄，只有选择无畏！"每当想到这些，肖帅依然感动得热泪盈眶："他们都是为了同一目标而拼搏的平凡人，他们才是真正的英雄。"

那里也留下了肖帅的终身遗憾。

在他离家不久后，一手带他长大的奶奶病逝，得知消息的一瞬间，这个向来坚强的大男孩哭成了泪人。时隔一年，肖帅还会在睡觉时梦见奶奶后哭醒。

早年父母进城打工，爷爷去世得早，奶奶成了肖帅最亲近的人。后来他到县城里读高中、到东北读大学，每到放假回家那天，步履蹒跚的奶奶总会搬着凳子去村口等他回家，这样的场景再也不会出现了。

其实早在肖帅打算驰援武汉时，84岁的奶奶就已病重，老人没有张口挽留他，只是拉着他的手握了又握。肖帅不敢看家人的表情，他幻想着完成任务后就能回来照顾奶奶，便一咬牙出了门。

一个转身，竟成永别。

"村里考出的第一个大学生"

肖帅自己也不曾料到，他能在火神山"一战成名"。

2020 年 6 月开始，他作为先进典型陆续参加各种报告，先是在中建三局里讲，之后到其他单位讲，还作为抗疫青年代表登上了人民大会堂的主讲台，成为中建三局成立 50 多年来第一位在人民大会堂做报告的职工。

那是去年 9 月，中宣部、团中央、中央军委政治工作部联合主办"青春在战疫中绽放"首场全国宣讲报告会，肖帅作为 8 名宣讲团成员之一讲述自己的一线故事。

肖帅从小看电视就知道，在天安门右前方，巍然耸立着一座雄伟壮丽的大厦，这就是人民大会堂，全国各族人民的代表在这里共商国策。

如今，他站在庄严、神圣的人民大会堂做报告。10 分钟的发言稿前后不知修改了多少遍，2000 字战疫故事也不是很长。他突然紧张起来，似乎忐忑不安，很快他就调整了自己，用最真挚的语言向全国人民汇报了自己的抗疫故事。

"目前在公司做什么？公司对你们的培养好不好？"最让他深受触动

的是团中央书记处第一书记贺军科会见宣讲团成员，首先就大家的成长"嘘寒问暖"，并勉励他们做"青年标杆"。

青年标杆！肖帅将这四个字铭记在心，这个党龄8年的"老党员"也首次认识到党员身份的神圣。不过怎样才能成为"标杆"呢？

从小生活在农村，肖帅既懂事又肯吃苦。他体谅奶奶眼睛不好，走路不便，主动承担劈柴家务，手心里都被磨出了茧子。

他不太会照顾自己，穿衣服也不讲究，冬天冷了就把两三件外套套在一起穿。

生活清贫、简单，家里的课外读物只有一本《牛顿传》。他把这本书前后翻看了三遍，至今仍然记得牛顿在一封信中这样写道："如果我这样做对公众有所效劳，那只是由于我的辛勤工作和耐心思考的结果。"

肖帅一直把这句话作为自己的座右铭。他在读高中时，每次从家里到学校，必须要在早上 5 点起床，走 2 里多的山路到一个小镇上搭乘 7 点的班车，如果去晚了，当天就回不了学校。在学校，同学们晚上 11 点钟就休息了，他常常学习到凌晨 2 点，早上 6 点按时起床早自习。

他不喜欢追剧，也不会打球，就喜欢不停地"刷题"。他做过的试卷有一米厚，眼镜度数在高三一年增加了 200 度。他是他们村里考出的第一个大学生。

高中毕业时，成绩稳定在年级前 30 名、担任两年学生会干部的肖帅光荣入党，那时全校一千多名学生中只有 13 个入党名额。

信念的火种早已埋下，他在工作中也常有"冲锋在前、以身作则"的举动。

大学毕业后，他原本可以到广州或武汉发展，可偏偏赶上公司在福建泉州签下了新的建设项目。

相较于公司在武汉的"主阵地"，泉州几乎是"孤悬海外"，不少人觉得做"无人问津"的小项目没前途。

面对"尴尬"局面，肖帅主动请缨。"总是要有人去的，那就我去吧。"他说。

到了泉州才发现，那个地方比较偏远，没有通往项目工地的公交车，跟的士司机好说歹说才愿意载他过去。

那是一个合同额不大的"战略性项目"，公司没给肖帅过多要求，他和同事陈必海一起带领上百位工人，承担 17 栋楼房、23.69 万平方米建筑面积的建设任务。

没有节假日的日子里，刚刚走出象牙塔的肖帅集工程师、质量员、安全员、材料员等六个职务于一身，白天要安排工作、检查验收，晚上还要组织开会，工作电话一个接一个，完全抽不出时间来考虑个人的事情。

肖帅和女朋友是高中同学，大学四年异地恋，毕业后女友入职武汉一家民营企业，他则只身来到了千里之外的泉州。

肖帅一度打起了退堂鼓。他准备写辞职信，提笔却久久不能落笔……当初自告奋勇来泉州的场景近在眼前，如今怎么好意思开口？

陈必海是福建南平人，在他看来，肖帅性子急，做事却很干脆。有次为赶工期，一连加了几天班，工人们情绪很大，干脆躺在宿舍不接他的电话了。肖帅直奔员工宿舍，把他们拉到工地上陪着一起干活，才将工程顺利完成。

生活中，他则是个热心肠。2019 年 8 月 21 日凌晨两点多，陈必海接到紧急电话——南平老家的妻子马上要生产了。肖帅迅速起床开车送他回家。

从泉州到南平车程 4 个小时，抵达时已经是早上七点多，考虑到工地上不能没人，肖帅又即刻返回泉州。

"做好标杆真的好累"

在那"被遗忘的角落"，肖帅既是工人又是"经理"。现在回想起来，他完全靠着一股韧劲儿咬牙坚持，没有太多的"关心与指导"，反而给了他"大展身手"、锻炼能力的机会。他一度是整个工地上的"大总管"，既锻炼了专业能力，也提升了组织管理水平，这为他担任火神山医院青年突击队队长并出色完成任务打下坚实的基础。

"世上没有从天而降的英雄，只有挺身而出的凡人"。从泉州到火神山，肖帅认为自己就是在"面对需要被迫成长"，"每当迈出第一步后，就不得不硬着头皮努力前进了"。

和身边"95 后""00 后"新同事相比，肖帅发现他们满身朝气，创新性思维活跃，对信息的敏感度和抓取能力特别强。

有一次公司讨论如何把党建融入日常工作，有"00 后"建议拿自拍杆在工地上直播讲党课，通过自媒体让每个人都当主持人。

"我怎么就想不到。"听完建议，肖帅觉得"这想法蛮好"。

然而他也不如"70 后""80 后"成熟。有一次，他本想表达青年人要勇于担当，却无意中说成"领导们都会老的，我们要顶上去"。此言一出，有人嘀咕："获得荣誉的肖帅开始骄傲了？"

"做好标杆真的好累"，这些经历冲击着他过去多年的成长思维，以前总认为只要搞好自己的一亩三分地，只要在不断向前进步就行，现在发现，自己的为人处事、一言一行都会被无形之中放大。他一改从前总喜欢说说笑笑的习惯，如今更偏向于沉默做事。

复工复产后，他奔赴"武汉梦时代"项目施工一线，"丝杆统一高度，风管拼接缝不能超一厘米，垫片不能外露，既要保质保量又要美观……"事无巨细的要求令工人抓狂。

白天跑现场、抓进度，晚上做深化、编方案，在这个华中乃至全国规模最大的商业零售综合体项目上，他带领团队7个月完成产值5.6亿元。

"别人都向你看齐，如果不能出色完成任务，岂不是打脸吗？"肖帅说。

"工作很积极，态度很主动"是同事李雁对肖帅的评价。他们二人相识于火神山，之后又在同一个党支部参会，在李雁印象中，"不管什么工作，只要问他愿不愿意，他只会说我愿意，永远都冲在前面"。

"企业总需要迈出第一步的人。"肖帅看来，要抱着学习的态度对待工作，所谓的"牺牲"根本就不算牺牲，而是人生成长的一种历练。

后来，肖帅调往武汉市中心医院杨春湖院区建设项目并担任副总经理。

这是一个集预防、医疗、重大疫情救治于一体的综合性三甲医院，是疫后武汉市 5 个重大疫情救治基地建设项目之一。

一年前，新冠肆虐，此前从未在武汉生活过的肖帅从广州千里逆行武汉火神山医院。他临危受命担任火神山医院建设项目青年突击队总队长，并在医院交付使用后留守维保直至休舱，70 多个日夜献给了抗疫前线。

"中国建筑抗击新冠肺炎疫情先进个人""中国建筑抗击新冠肺炎疫情优秀共产党员"……荣誉接踵而至，刚刚工作两年多的肖帅一下子成了公司的重点培养对象。

不到半年，疫情彻底扭转了他的成长轨迹，将一个原本整天和钢筋、水泥、图纸打交道的普通职工，一举推到了聚光灯下。

肖帅则用一个"冲"字表达了他对抗疫精神的理解——在最困难的时候冲锋在前，在最危险的地方冲锋在前。"就像把石头扔进水里会打破平静的水面，只要有人勇敢站出来了，就会有更多的人挺身而出。"

而今，他已把冲劲融入了工作中。

一个"冲"字，成为他稳扎稳打的价值信念。

（刘振兴 雷宇）

抗疫有我　青春绽放

大家好，我叫肖帅，来自中国建筑第三工程局。作为武汉火神山、雷神山医院项目青年突击队队长，我有幸代表 4 万名建设者，与大家分享那段不计代价、不讲条件的抗疫岁月。

1 月 23 日武汉封城，恐惧和不安笼罩着整座城市。中建三局积极响应党和国家号召，在中建集团党组的精心部署下，当天就集结了武汉火神山建设团队，随后组建雷神山建设团队，分别用 10 天左右建成交付了面积近 11.4 万平方米、可容纳病床 2600 多张的两座甲级传染病医院，为武汉决战决胜疫情防控阻击战注入了一针强心剂。

还记得，武汉封城的那天下午，在公司工作群里，请战报名参加火神山医院建设项目的留言疯狂刷屏。当时，我脑海里就只有一个念头：我是共产党员，我必须要去！然而，我那时已回到广东番禺，买了年货准备与家人一起过年。这是我在外一年多来第一次回家。妈妈知道我要去武汉，着急地说："你一个小技术员能帮得了什么忙？"其实我知道，妈妈并不是真觉得我干不了什么，而是因为好不容易见到我，我却年都没过完就又要离开。

因为封城，没有任何交通工具可以通往武汉。"我要回去，我必须要回去，就是跑也要跑到工地！"在这样的信念支撑下，我选择连夜开车返回武汉。临走前，病重的奶奶不舍地把我的手握了又握，几次欲言又止。当时的我，其实不太敢细看家人的表情，生怕自己打退堂鼓。就这样，1000 多公里的路程，我强忍疲劳，一口气开了 10 多个小时。我第一次如此强烈地感受到"时间就是生命"。

遗憾的是，那也是我和奶奶见的最后一面。一同前去的小伙伴们，有瞒着父母，耗时 3 天、辗转 5 种交通工具，跨越 3500 公里赶来的；有身患糖尿病，挂着胰岛素泵赶来的；有妻子生产，还没来得及看一眼孩子就赶来的；更有家人已经感染新冠肺炎，却毅然投入战斗的……我觉得他们都是我的榜样。谁不想"家人闲坐，灯火可亲"？没有生而英勇，只有选择无畏！

出发当晚，火神山建设大会战已经打响。工地上灯火通明，数百台机械设备同时开动。那张无数挖掘机在滩涂上作业的航拍照片，相信大家都不会忘记，那就是我的战场，那就是创造了奇迹的地方，那就是展现"中国速度"的火神山医院工地。

像火神山这样高规格的传染病医院，建设工期一般需要 2～3 年，而这次只有短短十天。恰逢春节，大家可以想象，短时间调配人员、材料、机械该有多难。此外，施工现场还面临着低温冻雨、场地落差大、高压迁改困难等诸多不利因素，更重要的是大家还要做好自身的防护工作。

为此，我们以工区为单位，成立了 6 支青年突击队，动员 2600 余名青年投入战斗。我们制定了"小时制"作战地图，搭建了工程"大数据"，采取 24 小时轮班作业。我作为队长之一，带领着 24 名"90 后"青年工人负责风机的安装送电。

为尽可能缩短施工时间，我们与工人兄弟们一起扛、一起干。在 -3℃ 的环境，因为出发匆忙，我只穿了过年的那双皮鞋。到后期皮鞋早已开裂，长期浸泡在冰冷的泥水中，双脚不时传来钻心刺骨的疼痛。这疼痛成了我提神醒脑的清醒剂，却也导致我趾甲开裂淤血至今。

在距离交付不到 24 小时的时候，需要增加 ATS 自动控制柜电力切换装置。这种高端精密设备用于紧急供电，不可或缺。我们紧急从武汉各工地，将原有未安装的控制柜器件拆卸下来。然而，面对摆在面前的一堆七零八落的零件，大家都傻了眼。我们无数次和厂家技术员视频通话，联合供电公司和技术人员整晚作业，硬是一点点把柜子在凌晨 5 点前组装了起来。

我永远记得 2 月 3 日早上的那个日出，太阳从知音湖畔缓缓升起，湖面波光粼粼，染红的天际映衬着洁白的箱房，光明又开阔。上午 9 点，火神山医院正式交付使用。那时，我还不知道，建设交付只是半场胜利，下半场战斗才刚刚开始。

一座传染病医院的系统调试至少需要两个月，而火神山医院建成即交付、交付即使用，我们只能边使用边调试。医院涉及 10 多个专业系统，任何一个系统出现异常，都有可能威胁医患安全。开展维修保养工作，需要进出病区，在室内室外、地面屋顶来回奔走，有时还会和重症病人近距离接触。

记得那天，我召集突击队的 24 名小伙伴说："今天就是让大家回答两个问题。第一，你是不是党员；第二，你是否愿意留下来。"我让大家把答案写在纸条上。

我一张张打开纸条，其中 21 张写着："是党员，愿意留下。"剩下 3 张写着："不是党员，也愿意留下！"我当时真的控制不住自己的眼泪。要知道那正是最缺人手的时候，如果没人愿意干，想找人都没地方去找，您说我能不感动吗？

2月13日，我参加了中建三局火神山医院维修保养誓师大会。记得寒风中我们一起喊出的铮铮誓言，记得70枚鲜红的手印在阳光下熠熠生辉，记得我们的指挥长几度哽咽："大家每个人都是家里的顶梁柱，是父亲、母亲，是丈夫、妻子。我们都是普通人，聚在这里都是为了让更多人早日得到救治。我向大家鞠躬致敬！"

我们不会忘记，凌晨两点，第一个进入"红区"的维保队员，给了更多人前赴后继、奔赴"战场"的勇气。

我们不会忘记，最年轻的23岁维保队员抢着进入红区，他说："我年轻，抵抗力强，我先上！"

我们不会忘记，有的同志把自己3万元积蓄和加班补贴捐了出来。其间他的妻子生了二宝，取名"克难"。他说，想让宝宝记住，武汉人民是如何克难攻坚，保卫这座英雄的城市。

我常常想，我们何尝没有一个英雄梦呢？如果武汉听得见，那她一定知道，在火神山、雷神山医院，曾有这样一群凡人，为了救命，在这里拼搏。他们都是真正的英雄！

筑者医者，同披战甲，共击疫魔。面对大疫大考，展现大勇大爱，我们深刻感受到了中国特色社会主义制度的优越性，感受到了我们祖国强大的凝聚力和向心力。

习近平总书记在全国抗击新冠肺炎疫情表彰大会上的讲话中强调："我国成为疫情发生以来第一个恢复增长的主要经济体，在疫情防控和经济恢复上都走在世界前列，显示了中国的强大修复能力和旺盛生机活力！"对此，我们一线建筑工人深有体会。从抗疫战场归来，我们又冲到了复工复产的最前线，从粤港澳大湾区到雄安新区，从西南腹地到东欧国家波黑，从"一带一路"沿线建设到精准扶贫工程项目，我们努力把失去的时间抢回来。在做好疫情防控工作的前提下，我们在国内 32 个省级行政区和 15 个海外国家跑出了复工复产的"加速度"，见证了单月产值从 0 到 300 亿的"奇迹"，见证了从零复工人员到上万人热火朝天工作的场面。我们用 3 个月时间完成了半年的任务指标，用自己的智慧和行动汇聚着"经济复苏"的磅礴力量。

我们是中建三局火神山、雷神山医院项目青年突击队，我们是招之即来、来之能战、战之必胜的抗疫先锋，我们是"心中有爱，肩上有责"的时代青年。

谢谢大家！

贾青青

物资转运领头雁

贾青青，1987 年出生。

中国铁路武汉局集团有限公司武汉车站值班站长、"头雁"党团员突击队队员。

2020 年 9 月 8 日，获颁"全国抗击新冠肺炎疫情先进个人"。

车站"封站"后，虽然没有旅客，但大量医护人员、医疗物资到达，从大年初一开始，贾青青与青年突击队员们转变为"医疗物资中转站"，高铁客运员们变身成为"搬运工"，他们坚守岗位，奋勇冲锋，将一批批医务人员和防控物资顺利输送到战"疫"前线，为打赢疫情防控阻击战开辟了生命通道。

青春感言：

即使困难再大，只要勇敢面对，一个个去解决，没有什么坎儿是过不去的。

"让我上吧！我是共产党员"

疫情就是命令，时间就是生命。在新冠肺炎疫情这次大考中，像贾青青这样无私奉献，用自己的实际行动践行在鲜红的党旗前许下的铮铮誓言，同困难做斗争的基层党员，有很多很多。在这次抗疫斗争中，不屈无畏的武汉青年携手并肩，共同对抗疫情，展示了强大的精神力量和民族凝聚力。

2021年1月27日，这位"全国抗击新冠肺炎疫情先进个人"表示："将一如既往地在平凡的岗位上服务好旅客，以更加优异的工作成绩来回馈组织对我的鼓励。"从她的话语中，我们看到了一个铁路人的责任与担当，看到了新时代铁路人的活力与朝气。

当然，如果不是疫情突然来袭，在贾青青的计划里，2020年春节，她原准备用大半的时间陪妈妈。

2019年，贾青青的爸爸因病去世。按照风俗，亲人走后第一年的正月初一，家人要在家里接待前来吊孝的亲朋好友。她是家中独生女儿，要陪同母亲做好接待工作。

2020年1月23日（腊月二十九），武汉"封城"的消息像海啸一样传遍祖国的四面八方。那一刻，她正在工作岗位上，隐隐感到，计划可能要改变了。

她没时间想太多。车站内，黑压压的旅客炸开了锅。"请大家理解，关闭离汉通道，是为了防控疫情。""楼下售（取）票厅所有的人工窗口已开启，为大家办理免费退票。"进站口，贾青青戴着口罩，高高举起喇叭，和同事们一遍遍大声提醒过往旅客。

原先汹涌的人潮，渐渐散去。10 时整，进站通道平稳关闭。贾青青的喉咙已经沙哑了。

当晚她回到家，丈夫正在整理衣物。"刚接到通知，我要在单位住一阵子，这段时间可能回不来了。"

贾青青愣了几秒，随后，她边帮老公拾掇生活用品，边嘱咐："那你多带点衣服，也要保重身体。这两天车站挺忙的，朵朵就送到她奶奶那里去吧。"说完，她连忙给妈妈打了个电话，告诉妈妈因为疫情的原因，大年初一无法给爸爸守孝了，并反复强调要妈妈通知亲朋好友不要来吊孝。

电话那边，妈妈先是停顿了几秒，然后说："没事，不要紧，你去吧！不用担心我。但是在外面，你千万要保护好自己。"

贾青青的妈妈、外公都是铁路人。在她印象里，以往除夕之夜，身为信号员的妈妈碰上值班，时常没法赶上点儿与家人一起团圆。

电话里，妈妈什么也没多说，选择默默支持她的工作。

第二天清晨，贾青青将 4 岁的女儿朵朵送到了婆婆家。随后，她也返回了岗位。

1 月 25 日，大年初一，上午 8 时 30 分，贾青青值班结束，她习惯再花 1 个小时，梳理一天以来的重点工作。这时，车站党委刚刚开完会，车间负责人一踏进办公室，就口头通知了会议决定：车站将成为医疗人员和防疫物资到达武汉的中转站，需要大家留守一段时间，立即成立一支抗疫"头雁"党团员突击队！

一段时间是多久？暂时没有更多消息。

"这活儿我熟，现在车站需要人，要不我留下来吧。"贾青青思忖着。几天来，她已陆续接待过几批次从外地乘坐高铁前来支援武汉的医疗专家。

这短短的几秒钟，于她而言，是一次重大抉择。

"让我上吧！我是共产党员，任何困难来了，都要冲锋在前。'随时准备为党和人民牺牲一切'，入党誓词我都记在心里！"贾青青抽出纸笔，唰唰写下《请战书》。

她成为全站第一个向组织递交请战书的"头雁"突击队队员。

"我报名！""我是党员，算我一个！""我身体好，我也来！"办公室里，报名声此起彼伏；不在的，也纷纷通过微信群发来了报名消息。有同事正在家轮休，得知消息，跨上摩拜单车一路骑行20多公里，赶到了办公室。

报名者超过了百人。车站方面综合考虑体力、年龄、家庭状况等因素，最终选定33人，组成突击队。当天，贾青青和队员们就投入工作。

没有人料到，这一留守，就是76天。

"如果选择退缩，会后悔一辈子"

疫情来势汹汹。每天，几十趟载满全国各地的抗疫物资，源源不断送抵武汉站。

武汉站是客运站，不具备使用装卸设备的条件。抗疫物资到站后，如何快速安全搬运？医疗队员们到站了，怎样顺利坐上前来接应的车辆？这些都考验着"头雁"突击队。

贾青青是队里的联络员，负责"接单"任务。每天，她提前与湖北省、武汉市等地防控指挥部联系，整理运输防疫物资和医护人员到站的计划表，协助车站调整列车停靠站台股道，以保障医护人员和防疫物资无论从哪个车厢出来，都能从最便捷的通道出站。

同时，她还要联系列车工作人员，核准医护人员与物资的具体情况，掌握车次、医疗队带队人员联系方式、物资数量、车厢信息，以及医疗队去向，接人接物的是哪家医院、对接人电话等，制作出突击队每日接站计划。这样的任务单，每天约有15到20个。

新闻里不断更新的疫情信息牵动着人心。贾青青与队员们都明白：时间就是生命。这一辆辆列车运送来的物资与医疗队，奔向的都是救命的战场，一刻也不能耽误！

2月1日14时30分，载有某军区274名医护人员及大量医疗物资的专列，准时抵达武汉站。贾青青和同事们早已等候在车厢门口。

车门一开，大家立刻组成"人力传输带"。"虽然时间紧，但我们要动作快，搬运稳。救命的物资，不能在我们手里有一点损坏。"贾青青边和大家搬运，边嘱咐。仅用时16分钟，满满4节车厢的医疗物资，被全部卸下。

23分钟后，6辆装满物资的军车，以及5辆满载军医的大巴，向火神山医院奔驰而去。

武汉站只有1站台和20站台可以通行机动车。大多情况下，医疗队和防疫物资通过在武汉站短暂停留的过路车"捎带"而来。列车停留时间只有3～10分钟，这意味着，突击队要赶在列车启动前，争分夺秒将医疗物资全部卸下车厢。

看似简单的搬运工作，需要连续转运3次：从列车搬下，再搬上小板车转运出站，继而搬上货车驶离武汉站。

这些箱子又大又重，最重的是装酒精与防护服的，每箱70斤。贾青青和大家一起搬，一个女生搬不动，就两个人抬。

装防护服的箱子尺寸最大，一双手臂环不住箱身，"我们就把箱子抵在胸前，靠腰部来带动全身的力量"。弯腰、抬起，弯腰、再抬起……一趟趟下来，一度，贾青青和大伙儿腰都没法直起来，就弯着腰走，因为疼。

一二月间，正是武汉一年中最寒冷的时候。无论白天还是深夜，任务随时可能到来。每一单任务执行完毕，队员们的衣服与鞋总被汗水湿透。

可是，看着从列车走下的援鄂医疗队员们那一张张年轻、无畏的面庞，贾青青与大家感到更多的是感恩、是心疼与敬意。"医护人员拿命来救武汉，我们要再努力一些！"一双手接一双手，这一件件救命的物资，就这样被托举、转运送上接应的货车，突击队无人退缩。

2月17日，是突击队最忙碌的一天。这一天，"头雁"共完成了22单任务，接送了605名医护人员，徒手搬运2000余件物资，重达20吨。

当天，有4支医疗队在同一趟列车上。各个医疗队在哪个车厢不能混淆，他们携带的物资数量不能有误，接走他们的是哪个医院或哪级防疫指挥部，更不能出错。

靠着专业与责任感，突击队兵分4组，准时准确完成搬运、接送任务。

76个昼夜的坚守，武汉车站圆满完成了500余趟动车组，1万多名医护人员，3万余箱防疫物资的转运任务，全程"零误差、零损坏"。贾青青和队员们做到了防疫物资精准运输计划、优化装卸流程，实现了快卸快转运，为疫情防控、患者救治抢出了宝贵的时间。

疫情防控终于趋稳。2020年4月8日，武汉"解封"。从当初街上空空荡荡历经生死劫，到复工复产重新长出烟火气，这座城市渐渐苏醒、艰难新生。武汉站里，客流量也渐渐增长。贾青青和队员们，回到了疫情之前各自的岗位。

一位广州市中山区的市民卜为民，在电视上看到"头雁"突击队抗击疫情事迹后，寄来一幅书法作品，上面写着："逆向而行、冲锋在前"。

亲历这一切的紧张与忙碌之后，有时，贾青青会回想起当初，摆在面前的那个抉择——是回家待命，还是冒着风险坚守在铁路抗疫最前线？

76天里，挑战重重。"我想，如果在那个时候选择退缩，一定会后悔一辈子。"她说。

"每一个人长出了新的翅膀"

驻守期间，贾青青与队员们只戴了一层医用外科口罩。病毒肆虐，每天在车站忙碌，接触的人多，不怕吗？

她坦陈，偶尔"也会担心"，但"想太多就做不了事儿了"。每天，迎接那么多舍生忘死奔赴武汉到抗疫一线去与死神搏斗的医护人员，再对比自己遇到的这点风险，"又算得了什么？"

作为联络员最大的挑战，是对接每一单任务时必须心细如发，医疗队与物资信息一点都不能出错。时常，两笔任务单之间，只相隔20分钟。每天100多通联络电话一个接一个，从早打到晚。这意味着，大脑必须时刻保持高速运转。

为避免出错，对接好信息后，她提前一天将接站计划写在纸上，一张张贴在手机背面。电话响了，她翻开纸条一一比对，提醒接站队员时刻准备。常常，一单刚对接好，新的电话又打进来了，有时还是陌生号码，她告诉自己"别慌"，一一做好记录。

和大家一起搬运完物资，队友们可以稍事歇息，她却还要持续接打电话。既做联络员又做搬运工，超强负荷下，她的身体与精神体验到了"从未有过的累到极致"。

每天凌晨时分，终于可以放松一下，她选择立即两眼放空、发痴发呆，"宕机的感觉"。

第二天清晨 6 时许，她准时起床，为新一天的工作做准备。一天又一天，一批批救命物资从手上源源不断送出，"很累很累"。可想到大家一起为疫情防控也出了一分力，就又觉得在车站的留守"值得"。

虽是独生女，从小，贾青青的父母没有太"娇惯"她。平常，她自诩"性格没那么软弱"，说话做事自带武汉姑娘身上特有的爽利劲儿。驻守期间，她却哭了。

对 4 岁的朵朵来说，这是第一次碰上妈妈连续这么久不在家。原本，母女俩约定，每天打一次视频电话。每次隔着屏幕，孩子问得最多的就是"妈妈什么时候回家"。

孩子长时间见不到妈妈，她打电话回家时，孩子特别容易哭。"妈妈，我想你陪我看电视，我想你陪我吃东西，我想你陪我睡觉……"

这些往日里稀松平常的事情，却成为孩子当时最大的奢望。面对孩子的哭诉，贾青青不知道怎么回答。隔着屏幕，看着孩子哭红的小脸，她也想哭，但知道自己不能哭。后来，她就不太敢再给孩子打电话。

她本来也没有太多时间打私人电话。白天，工作电话随时可能打进，她需要保持手机畅通。她也很想孩子，等忙到深夜，孩子抱着她的照片已经睡着了。

她也担心妈妈。

年前爸爸突然离世，留下妈妈一个人生活，封闭期间，妈妈整天不能出门，也没个人说话，"绷得住"吗？

一个下午，妈妈发来信息："在做什么？"那时，贾青青正在搬物资，没能及时回复，紧接着又处理各种工作信息去了。结果3个小时后，妈妈再次发来语音："你怎么了？你没事吧？"声音特别焦急。

爸爸走后，贾青青成为妈妈的全部。平时，怕打扰她工作，妈妈一般不给她打电话，只会偶尔发个信息问一问。

她满是愧疚，作为女儿，在妈妈最需要自己时，不仅没能陪伴在妈妈身边，反而还让妈妈担心。那一刻，她再也忍不住，泪流满面。

手头的工作需要继续处理。很快，她调整情绪，回复妈妈"没事，您别担心"。从那以后，每天，等到任务不那么紧、稍可放松一下时，她就主动给妈妈发条信息，报个平安。

与贾青青一样，连续两个多月没能回家，身体疲累与想家的双重挑战下，大伙儿也有快要撑不住的时候。

这群年轻人，年龄大多在三十多岁，正是家中"上有老下有小"的年纪。当初，面对共同的抉择，仿佛是某种默契，这33名队友在第一时间选择了报名加入；一起支撑了这么久，大家又相互打气，商量着等疫情过去后，一起出去玩、吃美食。

在封闭的车站里，队员们度过了春节、元宵节、清明节……直到武汉"解封"的那天。

2021 年 1 月 27 日，中共中央宣传部、中国国家铁路集团有限公司发布"2020 最美铁路人"先进事迹。疫情防控期间，这支突击队在武汉站夜以继日服务 1 万多名防疫人员、争分夺秒抢运 3 万多件防疫物资。一次次的快速精准转运为战"疫"赢得了宝贵时间。他们获评"最美铁路人"先进集体。

"全国抗疫先进个人"之外，贾青青还获评全路"抗疫先进个人""抗疫优秀共产党员"，以及局集团公司"年度先进个人"。

贾青青说，荣誉不是她一个人的，属于所有队员：每一天，队长彭开伟领着队员们拼命干，顾不上喝口水、歇口气，胳膊酸疼难忍也不愿停下；身材娇小的胡雪婷一次次搬起 50 多斤重的箱子，累得满头大汗却不吭一声；胖小伙张瑞兆拉着小车又快又稳地把物资运到出站口；搭档"联络员"张利民每天同样要拨打 100 多个电话；刘琦是个"大喇叭"，拿着扩音喇叭接送医护人员，最多一天接送 600 多人，走了 4 万多步，鞋底都跑坏了……

她忘不了 76 天里挑战重重，大家一起走过、一起面对的那些时刻。比荣誉更重要的是，"疫情之下，每一个人长出了新的翅膀"。

"没有什么坎儿是过不去的"

2008 年，贾青青从武汉铁路职业技术学院毕业，在武昌车站工作了一段时间。2009 年 12 月 26 日，武汉站启用，她调往武汉站。那天，新车站周边还有淤泥，22 岁的她穿着套鞋，脚踩着泥巴来上班。

十余年间，她与同事们一起，见证了车站每日到发旅客从 2000 人次升至 20 余万人次，成为全国最重要的铁路枢纽之一。

从为旅客检票做起，贾青青一直在车站做客运值班员工作，练就了眼勤、嘴勤、腿勤的"必杀技"。2019 年，她成长为车站"五星服务组"负责人。

"旅客有困难，要用最快的速度去响应，给出最优解决方案。"客运服务工作很琐碎，贾青青一直要求自己"用心"。2018 年、2019 年，她连续两年获评中国铁路武汉局集团有限公司"优秀共产党员"。

每次荣誉的获得，都是她真情付出的结果。

2019 年 5 月 10 日下午，贾青青正值班，一名男子慌慌张张跑向服务台："帮帮忙！我老婆快生了！"

这对夫妻原准备乘坐高铁回孝感老家待产，没想到妻子在候车室突然临盆。贾青青赶紧边拨打 120，边广播寻医，然后和同事拿起毛毯、医药箱赶往现场。旅客中正好有 3 名护士，也赶来帮忙。

贾青青边维持现场秩序，边为产妇撑起几把雨伞，搭建起临时产房，同时陪她说话、稳定情绪。所幸孩子顺产，母子平安。

救护车来了，见产妇只有丈夫一人陪伴，贾青青将他们护送至医院，帮忙办理入院手续、购买新生儿用品等。

两天后，她利用休息时间，带着营养品再次来医院探望。看到这对母子各项体征正常，这才放下心来。

2020年8月，贾青青被任命为武汉站客运车间三班值班站长。每天8时30分，她准时召集班组80多名小伙伴，清点发放防疫物资，部署一天的工作。

从进站电梯、楼梯处如何引导控流，进站口如何设置引导旅客有序进行绿码核验，如何提醒旅客正确佩戴口罩等重点防控事项，再到大客流站台列车交会时可能遇到的问题，她了然于心，提前做出提示和组织安排。

"疫情在每个人身上打上了新的烙印。"每天穿梭在车站巡逻，贾青青注意到，旅客们候车时更有序了，人们之间多了相互礼让。

2021年1月28日，春运大幕开启。贾青青和同事们每4小时就要对扶梯、扶手、栏杆、座椅等重点区域进行盯控消杀。在出站口处设置隔离室、医疗室，如有体温异常情况，确保能及时处理。"或许正是去年那场刻骨铭心的经历，让我们对做好客运服务的本职工作倍感珍惜。"

贾青青觉得自己最大的变化，是不再害怕挑战，遇事更平静了。"人有时就是在困难时刻成长起来的。"她说。

2019 年，贾青青的爸爸突发重病，医护人员穷尽了所有抢救方式，结果她的爸爸还是离开了人世。2020 年，武汉遭遇前所未有的疫情，贾青青只好接过生活抛过来的一个又一个挑战。"从没有这样措手不及过，但又不得不去承担，这是我的责任。"

76 天驻守车站，付出同样带给她收获。她记得以前，有时遇到故意刁难的旅客，自己哭过鼻子；有时不懂得换位思考，为一件特别小的事而生气。现在来看，跟生命比起来，这一切太微不足道。正如契诃夫所说："困难和折磨对于人来说，是一把打向坯料的锤，打掉的应是脆弱的铁屑，煅成的将是锋利的钢刀。"

经历过疫情洗礼后的贾青青比以前更成熟了，她说，即使困难再大，只要勇敢面对，一个个去解决，没有什么坎儿是过不去的。

（朱娟娟 雷宇）

附录 4

客运车间女子搬运工

尊敬的各位领导，同志们：

我叫贾青青，武汉车站武汉客运车间一名客运值班员。

1月23日10时，高铁武汉车站按下了离汉通道暂停键，由一个日均到发旅客20余万人次的高铁大站，一夜之间成为医疗人员和防疫物资到达武汉的一条高铁生命线……时间就是生命，疫情就是命令！1月25日车站党委组建了一支由党团员组成的"头雁"党团员突击队，33双手托起钢铁"补给"动脉，负责医疗人员转接、物资转运等工作。

我在第一时间向党组织递交了请战书，在获得组织批准后，我由客运值班员，变成了高铁生命线上的一名联络员和装卸工，在这场没有硝烟的战场上，践行了共产党人的初心和使命。

1月25日，大年初一。本应是万家灯火通明的时刻，而我却与家人各在一方，父亲年前因为心脏病手术意外去世，母亲一直情绪低落，一个人留守在家中。按照习俗今天是父亲去世的新年，作为唯一的子女应守孝在家中，但突来的疫情让我忠孝不能两全："妈妈，从今天起，我就不能回家了，爸爸这边……"视频另一端有些憔悴的母亲先是一愣，随后又马上安慰道："不要紧，没事，你不用担心我，去吧！只是你要照顾好自己……"那一刻，我强忍住了泪水，只说了句：放心，妈！

疫情来势汹汹，关爱如川汇海。每天几十趟载满全国各地和解放军的医疗团队及物资陆续增援武汉。记得那是2月1日下午14时30分，载有某军区274名医护人员及大量医疗物资的专列准时抵达武汉站。我对早已等候在车厢门口的同事说："虽然时间紧，但我们要动作快，搬运稳。救命的物资，不能在我们手里有一点儿损坏。"车门一开，大家以"人力传输带"的方式，仅用时16分钟便将满满4节车厢的医疗物资全部卸下。23分钟后，6辆装满物资的军车及5辆满载军医的大巴奔向火神山医院，奔向抢救生命的战场。

尽管每趟任务完成在寒风中，但我们的衣服和鞋已全部湿透，当看到一个个医疗团队，一件件物资以最快的速度送到疫情最需要的地方，我觉得一切的付出都值得。

作为联络员，我每晚还要负责"接单"任务。要确保第二天的物资及医疗人员顺利到达，必须提前做好与湖北省、武汉市等防控指挥部联系对接，与列车核准医护人员和物资具体信息，及时安排"头雁"突击队员接车任务。对于医疗队、物资数量、去向来站、接人接物的是哪家医院等几十个信息，我必须了然于心并做出计划。这样的任务单，平均每天都有 15 ~ 20 个，100 多通电话从早打到晚，每天都是到凌晨才完成对接任务。但我深知这一单单任务都载着全国人民对湖北、武汉及周边县市的爱心，承载着人民对生命的祈求，我不能辜负全国人民的爱心，不能辜负武汉人民的期待，没有最好，只有更好。

2 月 17 日，是武汉站最忙碌的一天。虽然到站的装防护用品箱子都很重、很大，在奋力搬起这些庞大纸箱的同时，我们的内心却无比激动。看到援鄂医疗队里那一张张稚嫩的面孔，瞬间很心疼、很心酸、很不忍，这哪有什么白衣天使啊，他们不过是一群穿了防护服的孩子，我们抢运的这些防护服早一分钟送到医院，就能让一线的英雄们多一分安心。我们是怀着一颗感恩的心来对待他们的。他们拿命来救武汉，我们真心感激他们。当天，我们完成了 22 单任务，共接了 605 名医护人员，徒手搬运了 20 余吨物资。

3 月 19 日，武汉仍处于封城的状态，就在此时，我接到了协和医院

的求助电话，四川省乐山市 11 岁的女孩欣欣，因扩张性心肌病，已出现心衰现象，生命垂危，急需心脏移植。心源已搭乘贵阳北到武汉的高铁，得知这个消息后，我急忙和武汉协和医院做好对接，开设专用绿色通道，以最短的距离、最快的速度把心脏送到医院工作人员手中。而此时，心脏已在高铁耗时 4 个小时，每分每秒都是与生命赛跑。列车到站后我和另外一位同事快速接下这重达几十斤的生命盒子，抬起就跑，仅用 5 分钟就将这生命盒子安全送上开往医院的专车。当晚这颗一路狂奔的心脏终于在女孩胸腔内成功跳动，我悬着的一颗心也终于放下了。

　　有人问我，你一个女同志每天在车站奔波忙碌，你想家吗？你每天接触那么多人，你害怕吗？我的回答是"我想家，但是太忙了，没时间多想"，"偶尔担心还是会有的，但是想到那么多在抗疫一线与死神搏斗的英雄们，这，又算得了什么……"

繁忙工作之余，和女儿视频通话是我最开心的时刻。"妈妈，我想你了！你怎么穿着白白的衣服啊？戴着口罩我都看不清你的脸了。"那段日子我都不太敢跟女儿视频，每次看到女儿在电话那头一遍一遍地哭着问我什么时候可以回去陪她，我都不知道怎么回答。

"沧海横流方显英雄本色"。76 个昼夜、1848 个小时的坚守，武汉车站圆满完成了 500 余趟动车组、1 万多名医护人员、3 万余箱防疫物资的转运任务，零误差、零损坏。我和我的同事们真正做到了防疫物资精准运输计划、优化装卸流程，实现了快卸快转运，为疫情防控、患者救治抢出了宝贵的时间。一位广州市中山区的市民卜为民，在电视上看到我们"头雁"突击队抗击疫情事迹以后，给我们寄来一幅书法作品，上面写着："逆向而行、冲锋在前"。

9 月 8 日 10 时，全国抗击新冠肺炎疫情表彰大会在北京人民大会堂隆重举行，我作为全国抗击新冠肺炎疫情先进个人代表参加了此次会议，现场聆听了总书记的讲话，倍感振奋，深受鼓舞。其实我只是完成了自己作为一名铁路职工在这个特殊时期应承担的工作，但组织给予了充分的肯定和赞誉，我将一如既往地在平凡的岗位上服务好旅客，完成好党组织交付的每一份任务！

谢谢大家！

涂可蔼

承担这一代人的使命

涂可蔼，1992 年出生。

武汉市公安局江汉区分局警务指挥处民警。

2020 年 4 月 28 日，获颁第 24 届"中国青年五四奖章"。

2020 年 9 月 8 日，获颁"全国抗击新冠肺炎疫情先进个人"。

2020 年 1 月，他不幸感染病毒性肺炎。治愈出院并度过隔离期后，他推迟原定的婚礼，重返抗疫一线。时值江汉开发区方舱医院投用，他再三申请，投身战"疫"。方舱医院休舱后，他第一时间投入境外返汉人员防疫工作，积极劝说 60 余人主动接受集中隔离。他给人春天般的温暖，既有侠骨柔情，也有铁汉铮铮。

青春感言：

当祖国需要或组织需要的时候，要以绝不缺席力争上游的姿态完成使命。

"心里感到了一丝恐惧"

武汉市公安局江汉区分局民警涂可蔼身为"90后"挺身而出，义无反顾地参加到没有硝烟的战"疫"之中。他主动把自己的小我融入祖国的大我、人民的大我之中，与时代同步伐、与人民共命运；用臂膀扛起新时代的重任，成为民族复兴征途上闯关夺隘、攻城拔寨的先锋力量。

2020年1月初，武汉市公安局江汉区分局指挥中心民警涂可蔼参与了华南海鲜批发市场的封闭工作。不幸的是，他在执行完任务后，感染不明原因病毒性肺炎。幸运的是，他战胜了病魔重获新生。

"怕！从心底里由衷地怕！"回忆起一年前，自己在协和医院被隔离时的情景，涂可蔼依然心有余悸，"当时，医生把我带到了一间很小的隔离病房，对我说'在专家组诊断结果出来之前，你不能离开这里'。"

"我全身冒虚汗，有点发烧，不能深呼吸，而且一旦深呼吸就会止不住地咳嗽。"1月5日下午，在医院接受检查后，涂可蔼直接被隔离在协和医院感染科。

"当时，医生不告诉我病情，也不说治疗到底是什么情况。"涂可蔼说，"我从医生的眼睛里只能读出不确定、很严重的意味。"

让他最担心的事发生了，自己感染了新冠肺炎病毒。

"我参加了江汉路跨年夜活动安保工作，一直忙活到1月1日凌晨2点。"涂可蔼回忆，"凌晨4点，区里做出决定，封闭华南海鲜批发市场。"随后几天，负有现场处置职责的涂可蔼随单位领导一同到现场调度警力、维护秩序，配合相关部门封市。

让涂可蔼没想到的是，随后几天自己出现头昏、眼胀、低烧、轻微咳嗽、四肢无力等症状。"我当时以为是普通感冒。"涂可蔼说。

服用感冒药无果后，1月3日，涂可蔼请假到社区医院打吊针。4日，社区医生建议呼吸不畅的涂可蔼到医院复查。

在武汉市中心医院后湖院区，医生排除了涂可蔼患流感的可能性，"CT和X光片显示双肺感染，初步认为是病毒性肺炎。"随后，转诊协和医院的涂可蔼被隔离。

"呼吸困难，全身直冒虚汗，看到什么都没胃口，整个人的精神非常萎靡。"1月5日下午入住协和医院后，涂可蔼的病情逐步加重，"翻身、起立这种简单的事情都非常吃力，甚至不能侧躺，直到医院开始给我吸氧。"

"当时我一个人在医院，感觉到非常的孤独和无助，那时候诊断我为不明原因的病毒性肺炎，一切都是未知的，加上我症状不断加重，我心里感到了一丝恐惧。"1月7日晚，涂可蔼被转入武汉市金银潭医院南区隔离治疗，"病房里有5个和我一样症状的人。医院每天给我吊四瓶药水，口服18粒药物。"随后5天，食欲不振、恶心呕吐、呼吸困难、精神萎靡等症状全部显现。

"我不能这样倒下，我得活下去！"强烈的求生欲刺激着涂可蔼，

"开始的两天，我看到食物就恶心、想吐。从第三天起，我强迫自己多少得吃点东西，没有抵抗力就会被病毒打倒。"慢慢地，涂可蔼能吃一口、两口，小半碗、一整份，直至一份饭都不够吃。

1月12日，涂可蔼体温恢复正常，医院将他转到北区轻症患者病房。"我的呼吸逐渐顺畅、食欲增强、体温平稳、精神好转。"经过复查，1月16日下午，医院通知涂可蔼出院。

我可不能当"逃兵"

涂可蔼是个土家族小伙子，今年28岁，爱人也在政法机关工作。他俩原本定在大年初四举行婚礼。从金银潭医院出院后，单位安排他回老家休养。"是让我结完婚再回来上班。"涂可蔼说。回到老家恩施后，他主动自我居家隔离。在父母的照料下，他身体逐渐恢复。可手机、电视上不断传来的武汉疫情信息，让他坐立难安。乡亲们都在议论这场疫情。涂可蔼向局里请战，但被领导婉拒："你还是在家好好休息吧。"

1月23日，离汉通道关闭。1月29日，公安机关全面投入病患转运工作……管控政策一天紧似一天，涂可蔼的心也揪得一天紧似一天。"兄弟们都在战斗，我着急啊！我是战士，得回武汉去，不能当'逃兵'。"

2月10日，逐渐康复的涂可蔼焦急地通过各种途径打听返回武汉的方法。"我们可以给你开证明回去！"当地防疫指挥部给了他想要的回答。

"父母都没怎么读过书，但他们知道我做的是有意义的事，非常支持我。还有我的未婚妻，一直对我不离不弃，我还欠她一个婚期。"

2月15日一早，父亲驾车将他送往恩施火车站。先在村里开证明，通过村道上的卡口；再到镇上开证明，通过省道卡口；然后到市里开证明，通过国道卡口；最后在州里开证明，顺利抵达恩施火车站。平时只要40分钟的路程，涂可蔼用了三个多小时。"路上，各卡口工作人员得知我要返回武汉参加战斗后，都叮嘱我注意安全。"

"因为车次调整的原因，我当天还差点耽误了火车。"涂可蔼原计划乘坐的13时发出的列车临时取消，只好选择12时的一趟车。当他刚跑进候车室，车就快开了。他一路小跑着登上了列车，车门关闭的一刹那，回头看着站台上的父亲，还在使劲朝自己挥手。

2月17日，江汉经济开发区建设方舱医院，局里要建立一支青年民警突击队进驻方舱医院值守。涂可蔼主动请战，他说自己有抗体，打动了原本不同意的单位领导。

2月21日下午，江汉经济开发区方舱医院迎来首批患者。

首次进舱执勤的涂可蔼身穿三级防护服，在患者登记处维持秩序。看到大家焦虑的心情。他说，我是民警，也是新冠肺炎痊愈者。大家不要担心，好好配合治疗，我们都不会有问题的。

一瞬间，原本表情僵硬的患者纷纷围拢过来，听他介绍经验。"核心就是要坚定信心，配合医护人员的治疗，好好吃饭、好好锻炼，相信大家都能和我一样早日康复的。"涂可蔼大声回答着大家的提问。

患者像在茫茫的大海中找到了指南针，他们自觉地回到简易的病床上接受医生的治疗。

在方舱医院值守的日子里，他有时也想起自己曾在医院病床上的恐惧："生病的时候也希望有人告诉我这个病能好，或者说不要怕，很快就会好的，我们也陪着你，有一个人在后面支撑着你这种温暖。"

在方舱医院，他给那些患者战胜病痛带来了极大的鼓舞。他能明显感觉到他们内心有一种喜悦和希望。涂可蔼说："我想，我到他们中间，把我的故事说给他们听，让更多人充满信心，这可能比我做好安保工作的意义更大。"

休息的时候，他从手机上看到跳舞可以给病人减压，于是和战友张博商量，由警察带着医护人员、病人在舱内跳了一段《酒醉的蝴蝶》，短视频在自媒体平台上播放，一周时间点击率高达 2000 多万次。

3月初，武汉疫情开始好转，每天有 30 多人治愈出舱，为防止出现差错，涂可蔼负责门岗执勤、进出登记、治安巡逻，夜间不定时抽查。

作为治愈者重回战疫中心，涂可蔼心里也有真实的恐惧。压力大的时候，半夜 2 点多钟才睡着，他怕自己再次感染，也会想万一身体再受到病毒的攻击还能不能挺过来。这场疫情阻击战的胜利曙光，是从 2 月底慢慢照进来的，方舱不再有新入住的病人，每天有治愈的人离开这里。

3月8日，华中科技大学附属协和医院接管的江汉经济开发区方舱医院顺利休舱。该方舱总床位682张，自2月21日开始收治病人，截至3月8日，累计收治患者281人，治愈出院207人，实现患者零死亡、医护人员零感染、治愈人员零复发。除协和医院的医疗队之外，该方舱还集合了天津、江西、广东、上海及安徽等援鄂医疗队的力量，共400多名医护人员驻守。

3月10日，湖北省公安厅为涂可蔼颁发个人二等功。面对荣誉，涂可蔼表示："荣誉是属于集体的，在这次战'疫'中，我的战友们都付出了极大的努力，而我只是做了我应该做的事，职责所在，义不容辞。"

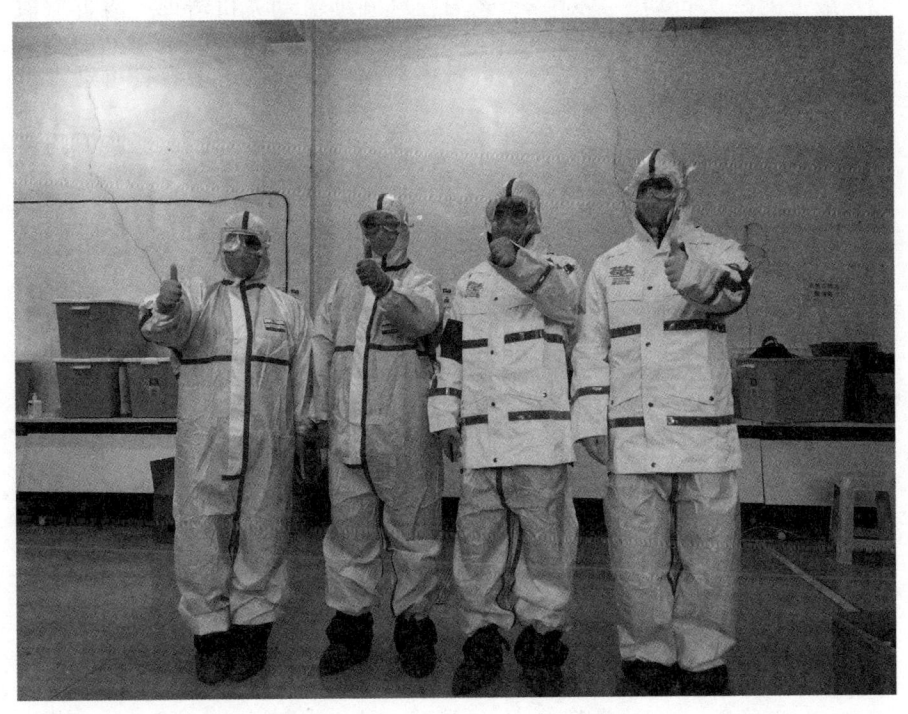

"可爱青年突击队"的主心骨

疫情后，武汉市公安局江汉区分局成立了一支突击队，取名"可爱青年突击队"，此名源于他的名字，涂可蔼。突击队里有100名各单位的青年骨干，任务是在分局遇到重大任务时，他们将立即整编出动。

"可爱青年突击队"是经过疫情战役后重新组建的青年冲锋队。100个年轻民警辅警都曾经历过疫情的淬火成长。核心成员除了涂可蔼，还有69名民警从分局近三年的十佳青年民警队伍中选拔，在各级急难险重的任务中曾立功受奖，30名辅警是从各岗位上的骨干中层层选拔而来。

最近的一次行动，是对一个老旧社区开展流动人口清理、清查电信诈骗窝点、查消防安全。在一次盘查中，涂可蔼和同事观察有可疑人员神态紧张，进一步排查后，突击队在车里发现了一批禁品，抓获了两名运输禁品的嫌疑对象。

"可爱青年突击队"成立之前，队长涂可蔼是从不同的岗位上一步步成长起来的。

毕业后，他从一个普通的刑侦民警转到了指挥调度的岗位上，参与分局上传下达的中枢协调工作，起初他对环境不熟悉，"在派出所岗位上职能单一，只需低头做好自己手头的事情"，岗位变动到指挥中心之后，处事角度、思维观念和工作方式都要转变，"让自己从零开始学习新的工作内容"。

在指挥调度岗位上，涂可蔼和战友负责110接处警、突发事件现场处置、大型活动安保等指挥调度工作。"相当于中枢神经系统下的高负荷工作，对个人的要求极高，一是要快速，二是要严谨，三是对知识面有很高的要求。"三年时间，"90后"民警涂可蔼从不同岗位上逐渐成长起来。

"其实疫情后，大家心里有了一种共识，要把抗疫挺身而出的精神，攻坚克难、不畏艰险的精神带到实际工作岗位上去。"涂可蔼说。

在他看来，疫情的经历是服务于本职工作的。对于公安民警来说，警察的责任是维护一方平安，疫情常态化后，大家都习惯了遇到问题一起想办法、想点子，做到"矛盾不上交，问题不回避"。在排查违法窝点、清查整治、反电信诈骗宣传等系列行动中，突击队里100名干警分头行动，集体出力。

毫无疑问，"可爱青年突击队"是疫后的"财富"。对于这支队伍，他有更深刻的理解："我们的目标是做新时代最可爱的人民警察，用这个名字既符合年轻人的朝气，又考虑长远的发展，总有一天当我不再是青年了，但突击队光荣传统还需要继承发扬下去的。"

少年立志当警察

从学生时代起，涂可蔼就从心底里崇拜警察，觉得"他们是正义的化身，是神圣的"。

小学时，他爱看《重案六组》，爱看香港警察故事，最爱的片段是当警察抓捕犯罪嫌疑人时，亮出来警察证，说一句：我是警察。他很向往这种形象，"很帅气，在遇到困难时，需要一个人来帮助他，你就能够从人群中英勇地站出来"。

带着崇拜英雄的情结，2011年参加高考，他在填报志愿一栏上写着：湖北警官学院。第一年考试失利后，他把自己关在屋子里，闷了许久，还是不甘心，他依然向往能成为一名人民警察。复读期间，他把唐代诗人王昌龄《从军行》中的"黄沙百战穿金甲，不破楼兰终不还"的后一句改成"不考警校终不还"，作为备考的座右铭。次年6月，他如愿以偿考入湖北警官学院警务指挥与战术专业，并在大学期间光荣地加入了中国共产党。

学校的教育让他对社会的突发警情有了基本的预判。"当警情来临，如果是刑事案件，我知道立案的标准、管辖的范围，以及后续侦办的方式方法；如果是非警情或者说非公安管辖的范围，我知道要如何向主管部门依法依规合理地解答，化解社会矛盾。"

本科毕业时，他获得了全校优秀毕业生的称号，拿到了湖北省选调生资格考察通知书、国家公务员录用通知书、湖北省招警录取通知书。

2016年9月，涂可蔼以湖北省第三名的成绩进入警营，最初被安排在江汉区分局民权街派出所工作，一年见习期里，他跟师傅老朱搭档，抓获了各类犯罪嫌疑人40余人，参与办理各类案件近百起。2017年7月，他被调入分局警务指挥处。

妻子与他相识于湖北警官学院，她觉得，"他是个有理想、有追求、有目标的同龄人"。

2019年9月，涂可蔼参与第七届世界军人运动会的安保工作。为了激励、督促妻子参加司法考试，他陪着爱人一同报考司法考试。白天忙完工作，晚上学习到凌晨两点，一直坚持200多天。

在爱人的印象里，涂可蔼在大学期间所学并非法学，在派出所、分局工作，接触的也只涉及治安处罚法、刑法、刑事诉讼法等，与司法考试的复习内容有一定的差距。有时她想停下来歇口气，涂可蔼会给她讲道理，"目光要长远，工作要求要高一些，这样业务知识才扎实"。

2019年11月，他们俩一起通过了司法考试。这在同学、朋友圈里成为美谈。

青年警察的事业观

涂可蔼从警近5年，他越发觉得警察并不总是像电影里一样，以英勇的姿态出现，冲向"火场"，更多的是与百姓生活中的困难打交道，接到群众的报警他都会认真地处理解答。"老百姓心里知道，遇到事情了，找警察帮忙，这是一种社会的信任感。"

他所理解的人民警察事业，是对穷凶极恶的犯罪分子，有着冬天般的寒冷。但是对于有需要的百姓来讲，可以给他们春天般的温暖，"既有侠骨柔情，也有铁汉铮铮"。

疫情后，他有了更多机会去传达自己的事业观。在一次大学的分享交流里，他回忆起自己毕业时曾高唱人民警察之歌，带着希望与责任离开学校，奔向公安岗位，如今在岗位上工作了5年，处理警情上千件。

结束前，有学生提问：疫情期间作为党员和民警的责任和职业感是什么？为什么他愿意返回武汉进方舱？他不假思索地回答："我是党员，也是一名人民警察，必须要上。"台下爆发一片掌声。

以前，社会上总有一种声音，觉得"90后"吃苦不足。老一辈的干警在侦破刑事案件时，没有高清的摄像头，没有现场的指纹对比手段，靠着两条腿，靠着大脑的推理破案。疫情之后，涂可蔼觉得在青年警察中，这种吃苦耐劳的精神仍然存在，尤其到了国家需要的时候，他们还是能义无反顾地站起来，承担这一代人的使命。

新技术逐渐发展，他认为青年警察不仅要发扬老一辈警官的干劲，也要学会用信息化的手段来提高工作效率。在汉口火车站旁的警务站里配备了现代化的信息化系统，对保障群众的人身财产安全、服务群众发挥着非常大的作用。"在信息化时代，对于年轻的干警，其实提出了更高的标准和要求。"

疫情之后，他越发觉得生命的脆弱和珍贵，"感受到明天和意外，不知道哪一个先到来，我现在更应该做好身边的每一件事情。但生命不息，奋斗不止。"

他也开始更注重身体的锻炼，每天坚持跑步，改掉了熬夜的习惯，开始真正理解"身体是革命本钱"的含义。

平凡的英雄为什么感人？因为他们有一颗善良真诚的心。譬如涂可蔼春节离开武汉调养休整，原本可以选择居家隔离，他却主动请缨，逆流而上，用自己患病治愈的经历，现身说法消除大家对疫情的恐慌，用青春的力量为患者筑起防控的"铜墙铁壁"，用青春的誓言在基层一线写下"不忘初心、牢记使命"的责任与担当。

当然，在与疫情较量的各条战线上，广大"90后"纷纷"撸起袖子加油干"。他们是抢救生命的战斗员、是疫情防控的网格员、是交通卡点的守门员、是物资转运的勤务员，一支支青年突击队奋勇向前，一个个感人瞬间，一段段动人故事，展现出他们的青春蝶变。

无数的青年力量在抗击疫情一线茁壮成长、在艰难险阻中砥砺意志品质、在实践考验中增长工作本领，他们不惧风雨、勇挑重担，书写战"疫"担当，绽放出绚丽的青春之花。他们坚守在急难险重的阵地上，不断加强思想淬炼、政治历练、实践锻炼和专业训练，逐步成长为素质过硬、能担大任的"社会脊梁"。届时，很多青年跟涂可蔼一样，回首庚子年战"疫"时，可以自豪地说："当祖国需要我，当组织需要我的时候，我以绝不缺席、力争上游的姿态跑赢了整个征程。"

（杨洁 雷宇）

在"疫"往直前中奉献自己

尊敬的各位领导、同志们：

大家好！我叫涂可蔼，是武汉市公安局江汉分局民警，我今天报告的题目是《在"疫"往直前中奉献自己》。

9月8日，我到北京参加全国抗击新冠肺炎疫情表彰大会，在人民大会堂受到习近平总书记亲切会见。我永远忘不了习近平总书记面对我们的深情讲话："青年一代不怕苦、不畏难、不惧牺牲，用臂膀扛起如山的责任，展现出青春激昂的风采，展现出中华民族的希望！"

这让我想起去年 12 月 31 日，我们分局奉命执行关闭华南海鲜市场任务，我和同事迅速出征，连续数日加班熬夜，让我免疫力下降。1 月 4 日我们圆满完成关闭市场的任务后，我连续数日发烧，被送到医院隔离治疗，之后病情不断加重，出现呼吸困难等症状，又转入武汉市金银潭医院。

刚进病房时，同房的 4 名华南海鲜市场的商户问我："小伙子，你也是华南海鲜市场的吗？"我说："我是你们隔壁，江汉分局的。"他们说："我们被病毒害惨了，想不到还拖累了警察。"尽管说话已经很费力，我还是笑着对他们说："不要怕，不管到哪里，警察都为你们保驾护航。"病友们被我逗笑了，两名生活不能自理的病友也相互打气加油。

1 月 16 日，我在医护人员的精心治疗下痊愈出院，仰望天空灿烂的阳光，得知我是第一个感染新冠病毒的武汉民警，也是第一个治愈出院的公安战士，我仿佛脱胎换骨重获了新生。

单位领导照顾我，让我回恩施老家，一来可以在家人照料下恢复身体，二来筹备正月初四的婚礼。1 月 23 日武汉封城，这前所未有的消息让我感到武汉承受的巨大压力，更感到公安民警的责任重大。"我要回去，和战友们在一起！"强烈的念头一次次冲击我的内心。可是，请柬早发了，酒席也定好了，怎么能一走了之呢？我悄悄把爱人拉在一边，可是还没等我说完，在政法机关工作的她，深情地看着我说："我理解你，听你的！"我俩向父母一说，他们也很支持我们："等你们圆满完成任务，再好好办一场婚礼！"

可在这个特殊时刻，要到武汉谈何容易！湖北各地的主要交通道路已实施封堵，通往恩施火车站的沿途布满路障和卡口，各种审查不同寻常的严格。我一次次被拦车，一次次测量体温，一次次耐心解释，40分钟的车程足足用了4个多小时。满怀着强烈的返岗意愿，经过多方努力，我终于通过了村、乡、市、州的四级审批，并搭上了一辆过汉列车，回到了我日夜牵挂的武汉。

这时的武汉一改往日模样，俨然成为与死神搏斗的战场，江汉公安3000名民警、辅警已艰苦鏖战了40多天，多名队员被感染隔离，有人甚至永远离开了我们。然而，每一名和我同样穿警服的同志，都义无反顾地选择了逆行出征和冲锋陷阵。2月17日我区第二座方舱医院开舱前夕，90多名战友争相请战。我生怕自己会落选，声音提得比谁都高："我是党员，应该冲在前面，体内又有抗体，请组织首先考虑我！"

获得批准后，我第一次进方舱，在入口处看到一名40来岁的患者，手里拎着行李箱，神态茫然地要走不走。我赶紧上前接过他的行李，介绍自己时特别说明我也是一名康复者。他一脸诧异地望着我，听我讲述治疗的详细过程和康复经验后，他紧张的情绪慢慢舒缓，不仅说了他染病的情况，还交流了其他很多信息。这样的情景在后来工作中还有很多次，有些患者不愿同家人分离，有些畏惧封闭的隔离环境，还有些进来后担心治疗效果。每当这时，我都会到他们身边讲述自己的治愈经历。聊着聊着，他们就看到了希望，也坚定了康复的信心，很多病友把我这个"90 后"当成"知心大哥"。

2 月 25 日凌晨突降大暴雨，临时改建的方舱医院长时间经受雨水侵袭，医疗站存放的药品和设备面临着被渗水浸湿的危险。我和战友们不约而同奔向医疗站，大到氧气瓶、检测仪，小到消毒液、抗生剂，我们肩扛手抱一样不落。来回不知跑了多少趟，防护服内早已湿漉漉的，护目镜内全是雾气，口罩也被雨水淋湿，可是大家浑然不觉，心中只有一个念头，多抢救一件"武器"，就能多挽救一条生命。持续了近 5 个小时后，所有医疗物资和病人的行李全部转移到了安全地带，此时天已蒙蒙亮，我瘫坐在板凳上喘着粗气，而舱内一阵阵掌声此起彼伏，我这才意识到是完成了一场与时间赛跑的物资大转移。

曾有人问我，参加抗疫你怕不怕？我坦诚地说，怕！因为我曾是一名新冠肺炎患者，是医护人员不顾安危悉心照料，才让我重返健康生活。让我变得坚强和勇敢的原因，是刻进我骨髓的"人民警察为人民"，是"武汉公安"这四个字的责任和使命，是这场没有硝烟的战争中的举国同心和前赴后继……正是这样的强大力量，鼓舞和激励着我发扬青年党员民警的蓬勃朝气、昂扬锐气和浩然正气，用臂膀扛起新时代的重任，努力展现中华儿女的风采，与亿万人民共同弘扬伟大抗疫精神！

谢谢大家！

杜云

"小巷总理"守护"一片芳草"

杜云，1981 年出生。

武汉市汉阳区龙阳街芳草社区党支部书记、居委会主任。

2020 年 4 月 28 日，获颁第 24 届"中国青年五四奖章"。

2020 年 9 月 8 日，获颁"全国抗击新冠肺炎疫情先进个人"。

　　她冲上防控最前线，第一时间协调完成"四类人员"排查转运，确保应收尽收。严守社区阵地，成立专项工作组加强封控管理，做好消杀工作，确保人员不进不出。建立咨询服务群，组织社区干部变身代购员、快递员。开展线上生活秀，丰富居民精神生活。在她的带领下，芳草社区成功创建"无疫情小区"和"无疫情社区"。

青春感言：

　　当困难来临的时候，要抱着做事情一定要做到最好的决心，才能高效地解决问题。疫情不仅让我个人成长了，办事能力、承受能力、心态，全部都得到一个新的提升，遇到再棘手的事情，也会觉得一定有办法解决的。

火车跑得快全靠车头带

抗击疫情的最前线，不仅有白衣天使和最可爱的人，还有基层一线的社区工作者。他们临危受命，不忘初心，牢记使命，在一线动员、组织群众抗击疫情，用生命呵护生命，保护人民安危，全力守护家园。武汉市汉阳区龙阳街芳草社区党支部书记杜云，在大难面前，舍小家为大家，勇于担当作为，展现出新时代基层社区干部的风采。

疫情出现之初，杜云深知火车跑得快全靠车头带。她充分发挥"头雁"作用，统筹社区班子成员、辖区单位、物业管理公司、网格员、民警、社区医生以及楼栋长、志愿者等力量参与。

他们不辞辛劳，离开家人，积极响应动员，迅速进入战斗角色；他们始终坚守岗位，奋战在防疫第一线；他们勇敢坚定，在居民群众都闭门不出时，始终在楼宇间"逆行"。张贴公告、宣传防疫知识，细致摸排、逐户登记信息，手持扩音器、肩背消毒桶，走遍辖区每一个单元、每一条楼道、每一户家庭，坚决做到底数清、情况明，不漏一人、不漏一户。

杜云凭借着专业的医学知识，第一时间果断对 2 个小区实施全封控管理。汉荣苑小区仅保留 1 个出入口；新城阳光广场由于是开放式的商业性质的楼盘，便对 4 个楼栋进行封控管理。卡口检疫点 24 小时安排人员值守，对所有进出车辆人员"逢车必查，逢人必测"，一旦发现体温异常人员，立即登记建档，并做好后续跟踪管理。

不让小区人员自由流动，意味着要保障他们的生活供给。她带领大家帮助 2000 多名居民，买了 20000 多斤蔬菜一户户送菜上门。与此同时，针对部分老人不会使用手机等情况，专门组织小分队，重点关注独居老人、残疾人等困难群众的需求。

"在社区我不是一个人在战斗。"社区虽然仅 7 名工作人员，但疫情出现后，物业公司、社区党员、志愿者，各司其职，都聚在社区这个战斗堡垒并肩作战，还有区、街下沉人员支援，所有人都在为同一个目标运转，"抗击疫情，服务居民"。

"我们社区的志愿者们思想觉悟特别高，哪里需要就去哪里！"杜云说，兄弟生鲜蔬菜超市的生鲜老板张舒畅是社区最早的一批志愿者。大年初二的时候，她第一次询问张老板疫情期间可否为社区居民平价提供生鲜蔬菜时，他就满口答应。张老板的菜品新鲜，不受团购套餐限制，距离近、送货快，很受社区居民青睐。社区还有 48 名志愿者，他们各自做着自己力所能及的事情，包括帮居民团购配送、买药、送餐等。

群众大事小事都在社区。为了解决民生问题，她建立咨询服务群，组织社区干部变身代购员、快递员，解决居民实际生活问题；开展线上生活秀，丰富居民精神生活。芳草社区下辖两个小区（汉荣苑、新城阳光广场），3846 户，约 5012 人，其中 60 岁以上的老人 600 多人。

社区采取的便民措施中，微信团购群就有 5 个，居民覆盖率 100%。杜云针对困难群众采取"三步工作法"：一、电话订购；二、送上门敲门把东西放下；三、听见有回话的声音，社区志愿者才离开。这样的工作方法有效地防止了交叉传染的风险，既保护了居民，也保护了自己。

在她的带领下，芳草社区成功创建"无疫情小区"和"无疫情社区"。

当时杜云每天早上到社区第一件事，就是看有没有摸排出新的发热居民，"如果没有，我这一天就可以安心干活了"。

抗疫一线的主力军

杜云之所以被新闻媒体聚焦，是因为她对疫情精准的防控。

2020 年 2 月 6 日，她对小区实行封闭管理，比全市的统一要求提前了 4 天。

她从社区消杀、排查到居家生活，罕见地事无巨细，全力做好新冠肺炎病毒防控工作。督促物业公司对芳草社区进行环境卫生整治及每天三次消毒消杀工作，并封闭社区活动场所，减少集中交叉感染风险，预防辖区病原滋生。

与此同时，她发动社区党员、志愿者、居民群众都加入"排查保卫战"。正月初一到初二的时间里开展拉网式全摸排，发现 11 位发热居民。通过一周的上门监测，发现 11 人的体温均为正常。那一刻，她的心情像迎着海风飞驰的帆船一样轻快。

她在社区中率先成立宣传组、环卫组、党员先锋组，开展社区防疫；并快速地建立医疗咨询群，提供居民健康咨询服务，缓解人们的焦虑心理。

她在社区内部设立生活物资线上销售点，实现供货商与居民"无缝对接"和"精准"配送，解决人们的衣食之忧。

她成立生活群，让居民线上秀才艺、秀厨艺，打卡积分，对积分排名靠前的居民给予奖励，让居家隔离的人们发挥自己的特长。

她还安排人员24小时夜间巡查，社区夜间值班工作人员每隔一个小时对汉荣苑和新城阳光广场的值守点进行检查：人员是否在岗；工作记录中对上班的居民健康码是否进行登记；下楼丢垃圾的居民是否进行体温检测。夜班人员必须做到的"三个是否"完成到位。这些反馈的工作信息都要在第一时间向她汇报，她的手机常常深更半夜还在滴滴响。

疫情初期社区最大的困难就是居民就医，床位特别紧张。社区能做的，就是准确诊断病情，打通居民看病的通道。"建一个医疗群让居民了解正确防疫知识，也能随时买到药，大家心里不会太慌。"杜云说，新冠肺炎心理咨询热线群建好后，当时他们都非常开心。群里的医生就是他们的主心骨了，遇到问题不用慌着去医院，避免了交叉感染，这样也可以减少医院的负担。

经过努力，她所在的社区成为防疫工作成效最显著的社区。该社区先后成功创建"无疫情小区"和"无疫情社区"，其经验方法多次被中央、省、市媒体报道。

经过新冠肺炎疫情的打磨和淬炼，这个"80后"已然变成了披坚执锐的战士。正如习近平总书记所说："过去有人说他们是娇滴滴的一代，但现在看，他们成了抗疫一线的主力军，不怕苦、不怕牺牲。抗疫一线比其他地方更能考验人。"

"小巷总理"的价值观

"社区是基层基础，只有基础坚固，国家大厦才能稳固。"杜云对这段话印象很深，从医院转行来做社区书记，她从心底里热爱这份工作。

职业的价值感，与成长环境有着千丝万缕的联系。

父亲是十堰房县的村支书，小时候父亲开会时偶尔把她带在身边，她总乖乖地坐在一旁玩。有村民常来家里反映问题，她听着父亲是如何一点点地把事情掰开了，理顺了。

长大后，当她有时间再回到村子时，发现村民不再挑水喝，家里都有了自来水；路通了，泥巴路清一色地换成了水泥路。杜云切实地感受到一个书记的存在感。"能看到我爸爸是在做实事，为村民服务的。"

她的父亲在村里威望颇高，2年前退休。有村民舍不得老书记，每有大事小事都愿意请他去主持公道，逢年过节村子里的人还会主动来登门拜访。

"从父亲身上我看见了基层书记的存在感、价值感。"

在社区里，天气回暖，有老人在路上散步。相熟的居民看到社区书记杜云，爱叫她"杜医生"。

她从社区医生转行做低保专干，负责整理资料，小到居民的服务，大到国家政策都在这一摞摞文件里，对社区的管理体系的认知也从材料中慢慢搭建起来。

她曾挨家挨户地登记信息，常跟居民打交道。这里的常住人口，都认识这个年轻的社区书记。

随着工作的深入，她越发认识到社区工作就是要为群众办实事办好事，虽很平凡却关系千家万户。正所谓"上面千条线、下面一根针"，调解、民政、卫计、禁毒、惠民、消防安全、武装征兵、"两违"管理、治安巡逻、适龄儿童入学……千头万绪诠释了社区生态的全部。

一个社区犹如一个大家庭，"小巷总理"这个权力不大、管事不少的岗位，则是这一大家庭中的当家人。当好这个当家人需要上接政府职能转移，下为居民提供服务，是整个社会管理和服务体系中不可或缺的重要一环。而且要时刻把群众利益放在第一位，倾心尽力为居民服务，主动采集居民意见建议，倾听居民困难诉求，不断提高社区居民对于社区建设的参与度，在为群众办事中，着力解决社区居民身边的急事、难事，将群众紧紧团结起来，带动基层群众心往一处想、劲往一处使，让居民的获得感、幸福感不断提升。

群众满意不满意是社区工作的评判标准，那些看起来柴米油盐的小事，往往是群众最关心的。

杜云虽级别不高却责任重大，肩负的是社区长远发展的责任、面对的是社区的张家长李家短的琐事，必须要全力以赴、兢兢业业，才能无愧于党和政府的托付、不辜负群众的期盼。因此，她将更多精力、更多资源投入为群众服务中，敢于开拓工作的新局面，敢于在复杂的环境中找出路，把关系群众切身利益的小事做好、做到位。

2018年，芳草社区成立时，小区卫生差，公共区域还是泥巴路，她开始大刀阔斧地搞小区环境建设，督促物业公司整治，申请经费，建设居民活动室；室外的文化活动广场也逐步地拓展出来；从楼道到消防安全，风风火火地做了社区大整治。"几乎是一成立就投入战斗，一直没停。"

去年，湖北省委书记到芳草社区调研考察，问身边的居民有什么困难，社区服务怎么样。居民说："没什么困难，都挺好的。"

有了居民的肯定，杜云觉得自己所有的付出都是值得的。

用科学知识编织的防控网

在"疫情阻击战"里，汉阳区的116个社区，芳草社区是居民健康情况排查中发热病人数量最少、发热病人康复率最高、居民发热新增较少、防疫工作成效最显著的社区。

2020 年 3 月 8 日，杜云登上了武汉抗疫巾帼英雄榜；2020 年 4 月 28 日，共青团中央、全国青联共同颁授，决定授予杜云第 24 届"中国青年五四奖章"；2020 年 9 月 8 日，被授予"全国抗击新冠肺炎疫情先进个人"。

人生的经历总是环环相扣的。社区能及时采取防控措施源于杜云的从医经历。学校毕业后，她进入同济医院实习，在传染科工作了 3 个月，相比其他社区书记更具备医学方面的知识。

"因为我知道这个病一旦传染出来，会是一个什么样的后果。一个人可以传染跟你接触的一片人，传播速度很快。"当疫情来临时，她知道提前布局很重要，"当我一想明白这个事情，就觉得只有不出去，才是最安全的。"

1 月 23 日上午，武汉市城市公共交通全部停运。社区物业的消毒水、口罩眼看就不够用了，社区的工作人员开始着急，"书记你要想办法保护我们"。

杜云从市区一路开车到郊区黄陂，沿途看到药店一家家问，诊所也一个个进去找，才勉强买回了 2000 个口罩和十几瓶消毒液。

"备好了'弹药'，才好'打仗'。"在杜云的社区，消毒水平努力向医院标准看齐——每天上午下午两次消毒，工作人员口罩戴 4 小时就换。工作人员穿好简易防护服出门，走访居民严格采取非接触式服务，敲完门，站一米远讲话。"当年做手术护士，我们就是这样做的。"

疫情防控，在这个基层社区自主地运转起来。

1月25日，芳草社区发动70多名社区党员，门栋长、网格员逐一电话核查每层楼每户居民的身体状况，对3846户居民展开拉网式排查。

2月5日晚，芳草社区将确诊和疑似病例全部送往定点医院和方舱医院。

2月6日，芳草社区实行封闭管理，比要求全市所有住宅小区实行封闭管理提前了4天。

医疗线建立，居民在社区医疗群咨询，避免慌忙就医交叉感染，减少医院的负担；物资线建立，对接大型连锁超市和社区周边超市、药店，提供生活物资；配送线建立，发动志愿者一户一户分好货品，分时段送到楼栋；心理线建立，丰富居民居家生活……

像一根根钢丝编织成一套严密的保护网，在疫情的风暴之中，为社区抵挡风雨，迅速建立了自我运行的生态系统。

而矛盾是新生态里不可避免的。疫情期间，有一家居民突然发起高烧，怀疑自己感染了新冠肺炎，心里害怕，执意要去医院。杜云劝阻她暂时居家隔离观察一天，根据身体情况再去医院就医。居民的家人不理解，在电话里大吵大闹，情绪激动的时候，难听的话一句接着一句，甚至扬言威胁她，杜云的眼泪在眼眶里不停地打转。为了稳定居民的情绪，她当即打电话联系了医生在线问诊，让医生通过电话与居民沟通，了解了病情，给出了居家观察的建议，这才让居民的情绪稳定下来。

从专业角度看，杜云心里明白，现在医院里挤满了就诊的病人，交叉感染的风险非常大，就算送到了医院，一时半会也看不上病，于事无补。最坏的结果，她也想过，如果真的感染了新冠肺炎，一天之内病情不会快速恶化，及时送到医院还来得及的，"但不能让她盲目地去医院"。

担心居民的病情稳定不下来，她一晚上就守在旁边，等第二天看了体温计，温度降下来了，悬了一晚上的心才落了下来。

科学的力量在芳草社区疫情防控中被一再地证实。

保持社交距离成为不可逾越的红线。芳草社区提前实行全封锁，只留一个门供应急时出入。有社区的老人吵着要见隔壁楼的孙子，杜云劝不住，只能把老人接下楼，用车送到楼栋栏杆外面，让孩子站在栏杆里，两人远远地看一眼，再分别护送回去。

"上千户居民，就有上千种需求。"疫情期间，社区有位70多岁的奶奶独自照看3岁的小孙子，杜云每天电话联系，隔三岔五将买来的青菜、饺子、牛奶、饼干送到老人家门口。

"一整天，一直在解决各种各样的矛盾、各种各样的问题。"最常见的情况是，早上来上班，中午她抽不出时间吃饭，直到半夜才能走回家门。一天下来手机里的电话记录有上百个，晚上回到家了，跟儿子通电话的力气都没有了。

那场疫情并没有机会大肆蔓延到这里，社区成了保护居民的第一道屏障。

杜云的科学防疫经验在全国传开后，哈尔滨、石家庄等地的工作人员给她打电话，询问物资保障是如何做的，小区居民志愿者是如何招募的。电话里聊了一个多小时，"这说明当时我的做法还是被认可的"。

引进新生代力量服务基层

经历了一场疫情，社区的地位被凸显了。

杜云发现，以前居民不爱跑居委会，现在无论遇到了什么问题，都跑来找社区。甚至有些居民认为，"居委会是个神，什么都能办"。

事情多了，压力也涌了过来。网格员郑白玲感觉到了更紧促的工作节奏。小到电费水费的缴纳，大到跟物业的矛盾，居民都会跑来问。时间久了，她也感受到了越来越杂的工作内容不断地逼近极限。

后疫情时代，促进了基层社区的自我成长。

扩招，社区人员的名额增加，人员的门槛变高了，学历要求提升到本科及以上。

薪酬也跟着涨起来，杜云记得自己刚开始来社区工作时，一个月到手700元左右，转正后工资也并不高。"原先的社区待遇很低，留不住人才。"如今提高了报酬，工资翻了两倍。

今年，社区工作人员纳入公务员编制，有年轻人通过考试进入社区，还有海归人才，被吸纳到社区服务。"如果社区工作人员的文化素质能够提升，服务水平肯定会相应地提升。"

疫情后，杜云很看好"90后""00后"的年轻人。在外宣讲时，她总提到三位"90后"小姑娘组建的芳草社区居民物资代购小分队。疫情期间，她们负责帮助居民购买各类药品。年纪最小的是1999年出生的张莹萱，今年21岁，常穿着简易防护服，拿着代购证跑遍武汉三镇，采购社区急需的药品。

有一次，一位居民需要买治疗肾病的化疗药。张莹萱跑了4个多小时，在武昌的药店买到了，回来途中电动车没电，她靠双脚踩着骑回了社区，回来时已是晚上8点多。杜云记得小姑娘笑着说："没事儿！正好可以减肥。"

今年，社区队伍从7个人，扩充到13个人，新加入的都是年轻人。

新鲜的血液注入基层后，社区工作运行得更快了。

杜云打算把网格完善、精细化，为网格员设置AB岗，两个人配合工作。以前社区的困境是：一个网格员要对接1000多户居民，精力跟不上。如今两个人可以分工上门登记、管理信息平台，录入居民信息、写社区材料。

"我们这个模式今年如果做得好，探索得好，可能以后全市的社区都会向我们学习，这个理念应该是比较新的。"

在服务居民、服务企业上，杜云也有了一些新的探索。她走访了辖区的企业，一方面对接企业的需求，满足企业经营发展的需要，另一方面从企业获取资金支持，完善服务居民的设施。

半年来，社区工作者的考核制度有了进一步的完善。"社区的服务功能，已经不仅是服务居民，如今还承载服务社会，尤其是面对重大突发事件的处理应变。"杜云对社区的管理有了很多新设想，这些都需要人才来完成。

贴心为民服务

在同事郑白玲的印象中，杜云很少喊过苦，喊过累，说话语调之间总保持一种热情和高扬的状态。她最常说的一句话是：用心用情地为人民服务。

社区刚开始做入户登记的工作，7个人得负责五千多人口，挨家挨户地查，工程量大又烦琐。她带头拿着表格去做，有时碰上白天住户家里没人，晚上自己去敲门登记。

疫情期间，社区有位八旬老人，长期照顾智力残疾的弟弟，两人靠拾纸箱生活。疫情期间，老人的腿不慎摔伤，杜云自己开着车送老人去医院检查，社区工作人员和志愿者定时到家里送餐送药。

起初，这位老人并不了解社区的工作，总觉得是个摆设。几天后，老人找到杜云，从荷包里掏出一封感谢信和红包硬塞给了她。红包里是一张张小额纸币凑出来的1000元钱，杜云耐心讲解政策并将红包退还给了老人。

"只有平时服务好居民，把人心凝聚起来，遇到了重大事件，社区的人才能拧成一股绳，才能万众一心，听从社区的安排。"

杜云认为，疫情后社区更要思考如何为居民服务的问题。如果平日只做面子工程，大家心里不认可，到了关键时刻，调度指挥没有人愿意听，这个社区就像一盘散沙一样，面对危险和困难很容易被击败。

社区的工作，老百姓都看在眼里，杜云对"为人民服务"的精神有了更深刻的领悟："要真心实意地为他们做事，遇到问题的时候他们才愿意听你的，才愿意支持社区工作。"

郑白玲刚开始不理解杜云对社区的认识与阐述。有一次，社区的广告牌被居民拿走了，监控只拍到了背影，识别不出信息。她拿着这张背影照片去挨个地问小区的住户，有个老人好心地告诉她，照片上的人住在哪里。下沉在社区的党员又陪着她一起去找，拿回了广告牌，居民也主动道了歉。

后来，郑白玲明白，"如果你用心用情地为人民服务，其实那些居民也会用心去帮助你，配合你的工作"。

疫情后，社区的事情也多起来，等待处理，有时她忙不过来，总想着那么难的日子都扛过来了，这点事也能解决。她性格要强，从小在学校担任过班长、学习委员，来到社区工作后，几乎每年都是优秀社区工作者，对自己的要求是：做事情一定要做到最好。

以前，杜云脾气躁，性子急，有时候遇到居民一下子涌过来反映问题，她静不下心来处理事情。经过了疫情的磨炼，"性子变得柔和了，心态放宽了"。当自己手头上有一堆杂事，还不停地有居民来提各种需求时，她会坐下来，慢慢地听他说完，说完了之后再告诉他要如何一步步地解决问题。

她觉得自己像珍珠一样，在沙砾的打磨中，变得圆润也变得更加明亮。"最困难的时候都过来了，人也成长了，办事能力、承受能力、心态，全部都得到了一个新的提升，遇到再棘手的事情，都会觉得一定有办法的。"

工作之余，她最欣慰的是和儿子相处的时光。初三的孩子还处在人生叛逆期，家里谁的意见都不听，唯独听她的话。"这可能是言传身教的力量。"说起孩子，杜云的语速少见地慢了下来。

（杨洁 雷宇）

守好防疫攻坚战最后一百米

尊敬的各位领导、各位朋友：

大家好，我是汉阳区龙阳街芳草社区党支部书记杜云。今天我汇报的题目是《守好防疫攻坚战最后一百米》。

2020年新冠疫情来得很突然，整个芳草社区只有7名工作人员，防控工作压力巨大。我依托"社区大党委 – 网格党支部 – 楼栋党小组"组织体系，第一时间成立了以党员为核心的社区疫情防控领导小组，首先吸纳退役军人成立志愿者队伍，引导社区居民参与疫情防控工作；对社区采取严格封闭式管理措施；逐户走访，开展拉网式排查"四类人员"，逐户逐人检测体温，不漏一人。白天巡楼，夜晚守护，送药、送菜上门；顶风冒雪、不分昼夜封控值守；不畏艰险、义无反顾护送"四类人员"去医院、进方舱、到隔离点。

如果医院是防疫攻坚战的主战场，那么社区就是这场战疫的封锁线和哨卡，我要守好这道防线。

回想起疫情之初，当时的情景历历在目。记得元月 23 日的上午，我刚走到社区的大门口，副书记杨梅就急匆匆地告诉我防控物资告罄，以我过去当医生的经验，深知防护用品的重要性，社区是封控第一道防线，如果封控点上的工作人员都没有安全保障，何谈小区里的居民人身安全？我二话不说拿起车钥匙背上包就出门采购防疫物资。同时在微信群里再三叮嘱居民不要外出，以减少人际接触。

武汉的冬天冷到骨子里，可我却急出了一身汗。我开着车沿路一边找还开着门的药房和诊所，一边打电话四处求援，得到的回答都是尽快送来物资。俗话说：手中有粮，心里不慌。现在我怎能心安？于是，我开着车从汉阳大道一直跑到黄陂才采购到 2000 个口罩，1 箱酒精和 30 多瓶消毒液。返程途中通过微信向社区工作者、志愿者以及物业公司负责人发起语音会议，第一要求所有人不要惊慌，要他们一定坚守岗位等我回来；第二，要求物业公司立刻对所有楼道、电梯等公共区域再次进行消杀；第三，要求社区干事在楼栋群关注居民动态，提醒居民减少出门次数，一切问题都可以跟社区联系。安排完毕，我跟家里打了电话，读初二的儿子跟我说："妈妈，你只管去守护大家，我会照顾好爷爷奶奶的。"那个一向爱撒娇的大男孩，这一刻好像突然长大了，我含着眼泪一个字都说不出来。

封城期间，最大的问题是：药从哪里来？一些老人有基础疾病，平时是要靠吃药控制的，而附近药店全都关门了。于是我指派3个"90后"的小姑娘成立了药品代购小组，她们也不负我的期望，走遍三镇解决了老人们的买药难题。

更棘手的问题是：居民突发疾病怎么办？好在我是有8年医务工作经验的人，什么症状是什么病我还是能初步判断的。这天我刚看完白天的楼栋巡查表，已经夜里2点多钟了，忽然接到一位居民电话说半夜开始发烧，语气十分惊慌。我急忙到这位居民家中进行诊治。这位居民并没有发高烧，只是有点低烧，我想起昨天下午我去测体温，这位女士穿得很单薄，当时我就提醒过她，不要感冒。所以，我建议她先吃点药观察，可是她担心自己感染了，大吵大闹，偏要去医院。我以我的医疗知识告诉她，如果只是一般的感冒发烧，去了医院反而有可能交叉感染。然而，居民不依不饶，并说是我把病毒传给她。面对情绪激动的居民，我能理解，毕竟是在疫情中，但作为一个社区书记，我一定要对我的居民负责。我说："你知道我虽然现在是社区书记，但我以前也是一名医生，我会对我的病人负责，我更会对我的社区居民负责。"于是，我就坐在她家里，给她用药让她休息，直到第二天下午她的体温恢复正常，我才离开。

我在病人家中时，不时地打电话安排工作，停下来又不停地给她倒水、量体温，那位居民事后感动地说："杜书记真是我们居民的贴心人。"我其实很感谢这位居民，她在楼栋群里提起这事，也感动了辖区内诊所和卫生站的医生，他们主动希望为社区出把力。于是，我组建了线上社区医疗服务志愿者队伍，在线上帮助辖区患者及时"就诊"，这下居民的心就更稳了。

在这场疫情中，我深深地感到，疫情使得党和人民的情谊更深了。中国共产党来自人民、植根人民，始终坚持一切为了人民、一切依靠人民，得到了最广大人民衷心拥护和坚定支持，这是中国共产党领导力和执政力的广大而深厚的基础。疫情来袭，我作为一名基层党员、社区工作者，一直践行党旗下的誓言，我庆幸，在这段特殊而艰难的时光里，我一直坚守在党和政府联系群众的最后一百米上，没有缺席。

芳草情深，百花吐艳。追求卓越的武汉人必将乘风破浪、行稳致远。

汪勇

这辈子下酒的故事都有了

汪勇，1985 年出生。

湖北顺丰速运有限公司分部员工。

2020 年 4 月 28 日，获颁第 24 届"中国青年五四奖章"。

2020 年 9 月 8 日，获颁"全国抗击新冠肺炎疫情先进个人"。

2021 年 2 月 17 日，被评为"感动中国 2020 年度人物"。

1 月 23 日，武汉所有公共交通"停摆"，汪勇得知医护人员上下班通勤困难后，他出车接送；医护人员吃不上热饭，他自掏腰包买盒饭送到医院里；细到修眼镜，小到买拖鞋，只要医护人员有需求，他都想办法解决……疫情期间，他 31 天未回家，吃住在单位仓库里，全身心开展志愿服务，以实际行动感染青年一代。

青春感言：

每个人都在为社会贡献力量，不能因为某个职业而瞧不起他人，希望大家多一分理解，社会就会多一点温暖。

一个农家少年的成长史

一个普通人在抵达人生的巅峰时刻后，会发生什么？

2月17日20时，中央电视台综合频道播出"感动中国2020年度人物颁奖盛典"。武汉快递员汪勇入选。疫情中他寻找社会资源，为"风暴眼"金银潭医院的医护人员提供车辆接送，一个月为7800名一线医护人员送1.5万份盒饭，满足一线人员修眼镜、买拖鞋及秋衣秋裤等细微生活需求，被媒体称为"生命摆渡人"。

他站在领奖台上，垂直的屏幕上出现了"汪勇"两个字，颁奖词里写道："没有人能百毒不侵，热血可以融化恐惧；没有人是生来的勇者，责任催促你重装上阵；八方统筹百般服务，你以凡人之力书写一段传奇。"

那一刻，他高举着奖杯微微挥动。

回到武汉后，汪勇的生活被宣讲、公益活动和新工作塞满。上午10点，在顺丰一家网点里，他背着一个旧双肩包，穿着灰色的外套，头发被风吹得有些乱，匆匆从外面赶来和记者见面。有快递小哥看到他，笑着喊"勇哥"。

成名之前，他的人生曾高低起伏。

1985年出生在湖北洪湖，父母是农民，在老家靠种菜维持生计，后来搬到了武汉城中村，一家人只带了一床棉被。他的老家在洪湖水乡，那里水产丰富，不仅有太湖短吻银鱼、暗色东方鲀、鳗、鳝、鲢鱼等，而且还有家庭养殖的鲫鱼、黄颡鱼、黄鳝、泥鳅和少数草鱼、青鱼等。他的父母靠水吃水，做着贩鱼的生意。通过几年的打拼，在武汉买了一套70余平方米的还建房。

小时候，他的学习成绩并不出众。在小学老师鲁春华的印象里，他穿着一件白色的短袖衬衣，性格腼腆，不像其他小孩子喜怒哀乐都挂在脸上。学习成绩在班上排在中下游，偶尔在做班级清洁卫生时得到过表扬。

像很多孩子一样，他的学生时代并没有太多的荣光时刻。

少有的一次，是在初中时，他的数学考了90多分，数学老师姚方惊讶地发现他"思维比较活跃"。姚方盯着这个平时成绩不咋地的学生，似乎看到了希望，决定对他进行重点培养，并督促他学习。至今，汪勇打心底里感恩这个老师："如果姚老师当初不对我进行重点辅导，我可能就走上歪路了。"疫情后，他给老师发了短信，姚方老师回复鼓励他继续为社会做出贡献。

在初中同学陈发辉的记忆里，汪勇挺阳光的，个性强，不认输，虽然总体学习成绩不好，但数学成绩很厉害。

他的青少年时光太多是在试错之中度过的。

他大学攻读汽车检测与维修专业，但整日沉迷玩网络游戏。虽然学业上没有太大的长进，但对电脑颇有研究，并能拆装自如。大学毕业后，他从事电脑维修工作。当时电脑还是一个新生事物，赚钱很容易，后来，他自己开了个电脑维修店。那时，很多市民习惯在公交车上看报纸。汪勇在武汉晨报、武汉晚报等报纸上打小豆腐块的广告，这为他带来了很多客源。

2011年，最风光的时候，他在武汉一个月可以赚两万多元，走在路上，"看谁都不放在眼里，自己特别膨胀"。后来智能手机兴起，报纸广告业务大幅度下降，一个月的收入只剩下3000多块，最后不得不关掉了门店。

从高处急速坠落，收入断崖式下跌，他一时接受不了这个现实，半年窝在家里不出去，晚上打游戏，白天偶尔亲戚来家里敲门，也不回应，自己蒙头睡觉，醒了就出去吃饭，回来接着打游戏。在他的回忆里，那是一段黑暗又迷茫的日子，喝酒、打牌成了他逃避困难的方式，生活陷入了自我怀疑的低谷之中。

他自尊心强，心底里不愿被人看不起，挣扎着，也尝试开始新的生活。

想应聘保安，怕单位不要他；面试快递员时，别人问一句他答一句，不多说半个字，脸上也面无表情。本来不抱任何希望，但却幸运地被公司录用了，成为一名快递员。

他开始把生活填充得满满的，删掉了过去的朋友微信、电话，与过去的生活正式告别。"一干活，就什么都忘了。"

别人早上7点到公司，他6点跑来帮忙上货，其他人晚上7点钟下班，他一个人忙到晚上9点。有的师傅过来卸货，东西太多，拿不过来，他就专门站在门口等着帮人搬运快递物品。他块头大，力气多，也不怕吃亏，大伙儿觉得这个人"热心，实在"。

工作中，他知道哪些快递是加急的，能早 10 分钟送过去的，绝不耽误 1 秒。他经常小跑着给客户送过去，有客户看在眼里，一来一回挺信任他。

他在工作中慢慢找到了自己的价值。"以前一个月赚 3 万块钱，哪怕现在一个月赚六七千，我也觉得自己很不错。"

从低谷走出来，他觉得对金钱一下子看淡了："钱都不重要，重要的是人的心态，该付出的付出，做自己该做的工作，生活就挺好的。"

这段高低起伏的试错之路，让他在疫情期间有了一股定力。和企业商定合作，还有无数的人自发给他捐款、转账，他经手的物资上千万，不该他拿的钱，分文不取。

是金子总会闪光的。一场疫情将这个"80 后"青年的人生抛向了一个制高点。

他荣登《新闻联播》，让亿万观众感受他的赤诚之心；他获得"中国青年五四奖章"及"2019 感动交通年度特别致敬人物"，让人们再次领略他青春的风采；国家邮政局授予他"最美快递员"称号，并号召全行业向他学习。

一个青年的善良之举

不可思议的 76 天里，一个普通人汪勇站了出来，组建了以他为中心枢纽，向交通、餐饮、生活物资等方向延伸，服务金银潭医院一线医护人员的生活起居的后勤补丁式系统。

武汉市东西湖区金银潭医院是最早集中收治新冠肺炎患者的定点医院，也是收治新冠肺炎患者最多的医院之一。

除夕夜当晚，他加入了"医护人员车辆需求群"，下午6点左右，一条消息在群里出现："求助，我们这里限行了，没有公交车和地铁，回不了家，走回去要4个小时。"

消息迟迟没有人回复，如果没车，这段路程步行至少需要4个小时。他有些不忍心，在网上搜索疫情相关信息，了解防控病毒的方法。最后，他一咬牙，想了想自己的家里有妻子照顾老人和孩子，便凌晨一点半给护士发消息，凌晨五点半，联系上护士，准时出发。

年轻护士坐上车后，他开着车窗，不敢摘口罩，腿不自觉地发抖，从反光镜里看后座时，见小护士静静地坐着，不停地掉眼泪。

他担心感染家人，当晚住在顺丰不到4平方米的仓库隔间，没有供暖设施，夜里只能尽量裹紧返潮的棉被。

辗转犹豫之际，他心里算了一笔账：从大年初一到正月十三，每天可以送大概60人次。如果一个医护人员上下班走路是1小时，一天能帮他们节省60个小时。就算10天之后，我真的倒下了，600个小时，他们至少能救10条人命。"怎么算我都是赚的。"

谁也没有想到，危难时刻，一个普通人的影响力有多大。

他发现，随着驰援武汉救援医疗队员的增加，医护人员对车辆的需求越来越多，他开始招募志愿者，成立30人的团队，年龄最小的20岁，有教师、企业家、网约车司机……

交通的需求，像一个圆被迅速细分成不同圈层。2公里左右的出行，他发朋友圈求助，联系共享单车的负责人，在医院、定点酒店旁增设投放点；10公里以内，他与电动车公司对接，投放电动单车；10公里以外，他与网约车公司联系，把接单公里数从3.5公里以内更改为15公里以内……

在"封城"限行的武汉，在"风暴眼"金银潭医院，一个普通人的智慧打通了医护人员的回家之路；一个个陌生人伸出的援助之手，像正

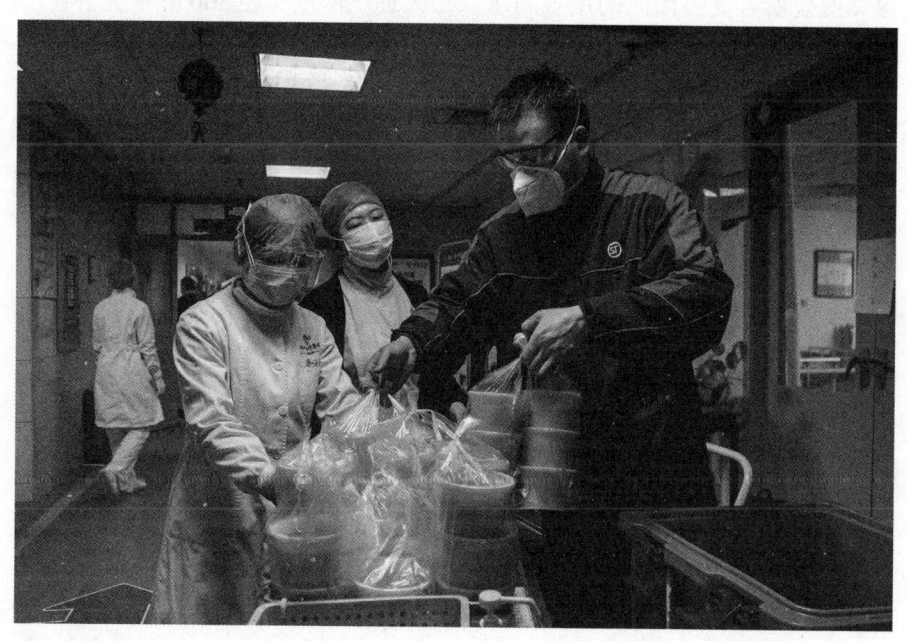

153

午的阳光，让外来医护人员在寒冷的冬天倍感温暖。

汪勇编织的援助网络像一股暖流，随着志愿者的不断增加，他的关注面也在不断扩大。

在微信群里，援汉的一位护士说天天吃泡面，太想念吃大米饭了。

他记住了护士小小的愿望，拉一群人去"扫街"，终于找到一家还在营业的餐饮店电话。他打电话跟老板沟通，从早上9点，一直打到中午12点，被挂掉就再打，被拒绝就再找下一家。

功夫不负有心人，在他的软磨硬泡之下，2月3日，一家餐厅同意供餐，解决金银潭医院的就餐问题。可是几天后，餐厅停止营业。

他继续联系，找到了Today便利店（武汉连锁便利店品牌），满足金银潭医院所有支援团队的用餐问题，每天提供滴滴车主300份免费午餐。受疫情管控影响，便利店随时有可能被关闭，他辗转联系当地政府，说明情况，补办手续，并组建一个26人不间断的送饭车队，打通了供货—需求—配送环节。同时，他做了备用方案，一个有10万份方便面的供应商同意随时供货。

之后，他又筹到牛奶、鸡蛋和水果。"尽我所能不亏待为武汉奋战的战士。"

在他的运筹帷幄之下，金银潭医院、武汉市第七医院、武汉科技大学附属天佑医院等多个医院医护人员的用餐问题，得到圆满解决。

医护人员也心疼他，遇到了困难，不好意思向他开口。有时候，他坐在车上，看着医护人员从楼上下来，观察他们穿了什么、吃了什么。时间长了，他发现医护人员总穿着一次性拖鞋。武汉的冬天阴冷，洗澡、上厕所都不方便。"他们一定是需要棉拖和凉拖的。"他跟志愿者商量，为每一个医护人员送上了棉拖和凉拖。

休息的时候，他就在想：假如我从外地到达一个陌生城市，每天忙碌在病床前，我需要什么？

想不出来的时候，他甚至有点急了，跟医护人员说："我经常要花心思猜你们到底需要什么，你们有什么需求，可以直接提出来，跟我开口。"

比如无袖羽绒服，因为不能开空调，医护人员最缺保暖衣物，他联系志愿者在广州订了1000件羽绒服；防护鞋套，他发动志愿者在淘宝搜索，开车去距武汉市区55公里的鄂州葛店取货，带回来2000双防护鞋套；护士因频繁帮患者输液、换药，肩膀疼痛难忍，汪勇又买回了肩周炎药膏；医生的眼镜容易坏，他发朋友圈找到了愿意开门配镜的商户……

高继先是武汉金银潭医院ICU护士，她比汪勇年长十几岁，依然叫他"汪大哥"。医护人员发了增强免疫力的药，高继先自己吃一半，给汪勇留一半。她将原本戴4个小时的N95口罩，戴上6个小时，就为了每两次"抠"出来一个送给他。高继先认为，汪勇虽然比自己小，但他的那种大爱与无私精神确实值得让人尊敬与敬佩。

武汉市东西湖医院护士赵娟记得，她和汪勇的联系是跟车相关。一次她赶着去给方舱医院的病人送药，拐弯时和外卖师傅相撞，人没事，但外卖车被撞坏了。她第一时间想着给汪勇打电话，拜托他解决。到了晚上11点，汪勇发来已经修好的电动车图片，师傅的身体也无碍。后来，她看了电视新闻，才知道那天他正吃着泡面，接到她的求助电话时还没吃两口，就出去了，一直忙到了半夜。"我第一时间想到他，我想可能是信任，因为他值得相信。"

3月25日，重庆援鄂重症医疗队离开武汉，临行前，医护人员纷纷在他的衬衣上签名留念。

一个撒播爱心种子的人

武汉快递员汪勇守护战疫医护人员，以凡人之力书写传奇的故事传开后，孩子们的书信陆续寄了过来。

他的手机里存了一张照片，是广州市越秀区农林下路小学五年级三班学生孙盟鸥写的《〈快递小哥搞定金银潭医护难题〉的读后感》："汪勇是一名再普通不过的中国人，但他却是我们的榜样，我们少先队员也应该做一些力所能及的事。"

汪勇看了挺感动的："你能感受到孩子写这封信时的心情。一笔一画非常认真。"

他想起小时候自己调皮，不爱读书，进入慢班之后，中学老师姚方发现了他的数学"天赋"，总督促他写作业，鼓励他好好学习，从没放弃过他。后来，姚方从新闻里看到汪勇抗疫的励志故事，还给他发短信，祝福他。

他十分珍惜演讲的机会。去大学宣讲，有学生在台下提问：不知道自己在学校应该学什么，不知道未来的人生方向，不知道如何做个对社会有用的人。

汪勇不会讲大道理。他跟学生分享自己联系网约车公司时的经历：那时候希望对方提供车辆，几次协商下来，受到公司流程和政策限制，沟通中不停地碰壁，真是伤心至极。跟对方打"感情牌"，收效甚微，当时一度想要放弃。后来在双方公司高层的努力下，找到了妥善的解决办法，解决了部分志愿者用车问题。

他拿自己跟学生举例说："我一个快递员去跟一个企业谈金银潭医院医护人员的需求，本来就是个天方夜谭，都没有抱太大的希望，最后却成功了。你们一定要勇于去尝试。"

在大学里，他发现有些学生像当年的他一样——不停地犯错，没有人生目标。作为"过来人"，他不避讳谈自己是大专学历，一遍遍地跟台下学生说："在学校尽量多地学点知识，你多学一分，以后在外面就少吃一分苦。"

有学生提问："学习中遇到了困难怎么办？"他再次把自己在疫情期间找餐厅被拒的困难，接送医护人员的困难作为例子，"如果遇到挫折的时候，还是要自己想办法勇敢地迈过那道坎"。

4月15日，湖北工业大学举办2020年爱国主义教育系列活动，汪勇在直播里与大学生们互动交流。"从大学校园走进社会时，不要浮躁、不要害怕、不要彷徨，只需找到自己内心真正最重要的东西，向着目标努力前进。"

参加了多场宣讲会，汪勇慢慢从中找到了传播的价值。他开始跟荣誉、高关注度和解，"我现在这个时间段，最有意义的事情就是站在孩子面前去分享，告诉他们做事要有韧性，要坚持，在他们心里种下种子"。

一个平凡而又正直的人

关注度高了之后，汪勇更爱惜自己的羽毛。有时，媒体让他对某一个活动谈谈看法，他不了解，也不敢随意发表意见，向对方解释：我是个快递小哥，懂的东西也不多。

荣誉、掌声、赞美挤进了一个快递员的生活，汪勇有时觉得不真实，总想多学点东西，配得上这些荣誉，这也督促这个大大咧咧的"80后"更加谨慎，"压力越大，责任越大，也对自己要求更高了"。

他知道自己做了好事，成了榜样，未来工作生活中如果出现了一点瑕疵，可能给崇拜他的小孩子带来不好的影响。

社会上有好心人知道他工资不高，还要还房贷，想为他捐款。他在朋友圈写着：再次声明，本人不接受任何捐款。

唯一的例外，是一个孩子要把自己的压岁钱捐赠出来，给他写了很长的一封信，一定要寄给他，为医护人员做贡献。不想让小朋友失望，他收下那个孩子捐的 200 元压岁钱。

疫情后，普通人汪勇的热心肠被更多人知道。

现在回过头来，再谈为什么要做志愿者的问题。他想起了自己的外公，小时候家里过得苦，外公是村里的干部，从不动用村里的资源给自己谋福利，乡里人都挺敬重他。

耳濡目染下，他知道要做个正直的人。

在路上开车，看到路口有个石头挡路，他不愿装作没看见，绕路过去，一定要开着双闪，等着后面没车经过的时候，下车把石头搬开。

妻子彭梦霞记得，自己家对门住的是一对年纪大的夫妇，他们有时搬东西上楼，汪勇看到了总是第一时间去帮忙。

妻子印象最深的一次助人为乐，是在 2015 年。他看到一个老人在斜坡上推不动电动三轮车，就从后面帮着往前推。老人估计没有注意后面有人帮忙在推，突然加大车速，车子如箭一般地向前冲了出去。汪勇的劲儿没收回来，三轮车的铁刮板从他手掌虎口划开，连皮带肉地撕裂，一股血流了出来，汪勇赶紧去了医院。

傍晚老人骑着三轮车回来，他也没提自己去医院缝了十几针，线斜跨了整个虎口的事情。

作为身边人，彭梦霞知道他就是这样的个性。"疫情期间能去帮助医护人员，解决他们的难题，去接送他们，其实这个事情我并不感到意外。我就感觉，他是一个会做这样事情的人。"

汪勇觉得自己挺幸运的，因为"我看到了这些需求，那我一定要做。我们的国家遇到了困难，作为一个中国人，应该贡献自己的一分力量。哪怕待在家里不出门，勤洗手，多通风，这都是付出、奉献，是家国情怀"。

他特别喜欢一句话："没有从天而降的英雄，只有挺身而出的凡人。"归根到底，他觉得自己始终是个正直的普通人。

一两年之后，社会或许不再对他有这么高的关注，他有漫长的路要回归自己的生活。公司基于他的卓越表现，给他连升三级，聘任为分部经理，管理了 4 个营业网点。现在，他正努力地适应管理工作。

疫情结束后，他想继续做个中国好人。

2020 年 4 月，顺丰湖北公益计划启动，为疫情中的独居老人、学困儿童、高中生等弱势群体提供帮助。汪勇作为志愿者参与其中，为特殊困境的老人送去生活物资；未来想为贫困学校的学生提供电脑、校服。

他也希望借助自己的影响力，可以为快递小哥呼唤更多的理解和关注。"每个人都在为社会贡献力量，不能因为某个职业而瞧不起他人，希望大家多一分理解，那这个社会就多一点温暖。"

汪勇 35 岁了，以前爱喝酒，现在认为身体最重要，不再喝白酒了。偶尔高兴时，他会叫上几个老朋友，点上几个小菜，只喝啤酒，把酒言欢之时，"反正这一辈子下酒的故事都有了"。当然，他还是想回归到生活的原点，带领自己的团队做好快递这个工作。

（杨洁 雷宇）

用温暖守护你的逆行

尊敬的各位领导，各位朋友：

大家好！我是湖北顺丰速运有限公司快递员汪勇，今天我报告的题目是《用温暖守护你的逆行》。

大年三十晚上，我从一个微信群发现金银潭医院的医护人员因交通停运、下班步行回家需要 4 个小时，希望有车接送。当时，一个小护士陆续发了四次用车需求，直到凌晨都没有人应答。金银潭医院是救治新冠肺炎重症确诊病人的定点医院，想到这些白衣战士坚守一线，冒着生命危险抢救生命，我很想帮帮他们。

大年初一清早，我将车开了出来，对家里人说，我要去单位值班。因为家里经济压力比较大，节假日值班有补助，我每年春节都会值班。我的第一个乘客就是那位护士。她感动地说，没想到真有人敢来接我。她知道大家都很害怕。虽然我也做了很多心理建设，但当那位护士坐上车的时候，还是立刻紧张起来，我的腿发抖，时不时莫名地抖一下，抖了一天。本能的恐惧总是提醒我后面有个危险，病毒随时会黏附到我身上，正常开车时人的目光是直视前方的，但我就是忍不住看后视镜，看后排座位，老是看。

尽管很害怕，那天我还是接送了 30 多人，那是微信群里的全部需求。这些医护人员都要给我车费，我没要。如果为了赚钱，我才不冒这个险呢。我是这么想的：接送一位医护人员能帮他节省两小时，接送30 个人，就能节省 60 个小时。医护人员的 60 个小时能救很多人。

第二天，我又接送了大约 60 个人。从清晨 5 点到深夜 1 点，跑了300 多公里。用车需求增加了，我一个人实在完成不了，就在各微信群招募志愿者。让我惊喜的是，不少人参与进来。我们很快组建起 30 人的志愿服务车队，没日没夜地跑，没多久就跑坏了 3 台车。

我们的举动感动着医护人员，他们也在感动我们。口罩一般戴 4 个小时，他们却戴 6 个小时，就为省下来送给我们。我们冒着生命危险接送他们，他们同样冒着生命危险保护我们。我突然觉得，我们和医护之间成了生死之交。

一周以后，政府安排了通勤车，解决了金银潭医护人员出行的用车问题，我们就将精力放在医护人员的其他需求上。

接送医护人员途中，我发现他们就餐也不方便，不少人都会去路边商店买一箱泡面带回去。一天，我看到一家快餐店在营业，就自费买了八份盒饭送给医护人员。我想解决他们的就餐问题，到处想办法，终于找到一家便利店，店主主动提出每天免费供应 1500 份盒饭。我喜出望外，医护人员和志愿服务的滴滴司机都有热饭吃了。

央视报道了我的事迹后，很多有各种需求和愿意捐款捐物的人都找到我，各种信息都汇集到我这里。我身边聚集了一批志愿者，服务对象达 4000 人，都是援鄂医疗队，住在十几家酒店。

2 月中下旬，天气依然寒冷。一些医护人员来得匆忙，没有带足生活用品。统计和购买医护人员需求的用品非常烦琐，我们每天忙得不可开交。一位在超市工作的志愿者帮我们用募集到的资金购买物资，买到了秋衣秋裤、洗面奶、拖鞋等各种用品。上海医疗队需要医用鞋套，武汉没有，我得知葛店有货，赶紧开车赶往葛店，金银潭的出行证明让我一路畅通无阻，我赶在断档之前将医用鞋套交到了医护人员手中。疫情期间不能开空调，医护人员需要做手术时穿的坎肩羽绒服，我们到各大商超寻觅，将能找到的全部买下，送给他们。

还有理发、手机维修等。有的人让同事用剪刀剪掉头发，很难看，跟家人视频时，家人看了心疼，还会担心。我们组织了大约 30 次理发，每次服务上百人。疫情期间修理眼镜、手机特别难，我们将医护人员的问题眼镜和手机收集起来，找到维修店联系店主，再去小区将店主接到店里，等他们修好眼镜、手机，再把店主安全送回小区。很多医护人员写信感谢我，一位护士说，或许你从来没有进过隔离病房，但你的所作所为不亚于任何一名逆行的白衣战士。我们守护生命，你们守护我们！

疫情期间，为了避免影响家人，我一直以公司值班室为家。2 月 7 日早上 7 点，母亲跟我打电话说，外公去世了。不巧的是，当天早晨 200 多名医护人员用车需求还没有着落。我对母亲说，我回不去。当时又急又难过，一个护士打电话安慰我，我一下子撑不住了，哭了半个多小时。第二天就是元宵节，视频里两岁的女儿抱着手机不肯撒手，隔着屏幕跟我亲了又亲，我别过头去，眼泪又流了出来。

雾霾终于消散，武汉疫后重生。抗疫之战一路走来，从单枪匹马到"志愿红"迅速集结，我深深感到，面对生死考验，我们的国家、我们的民族总是能举国同心，战胜艰难险阻！英雄的武汉还有成千上万志愿者英雄，我只是恰好出现在聚光灯下，获得了这么多肯定和荣誉。我已从一名普通收派员成长为顺丰公司骨干，并火线入党。

习近平总书记说：志不求易者成，事不避难者进。今天，我站在人生新的起点，对总书记的话有着更深切的体会，我将继续弘扬伟大抗疫精神，坚守初心、立足本职，用实际行动兑现入党时的铮铮誓言！

谢谢大家！

甘如意

谨慎又兴奋地拥抱着改变

甘如意，1996 年出生。

曾为江夏区金口中心卫生院范湖分院血液检验科医生，

现调任藏龙岛社区卫生服务中心副主任。

2020 年 4 月 28 日，获评为 2020 年全国向上向善好青年。

2020 年 9 月 8 日，获颁"全国抗击新冠肺炎疫情先进个人"。

2021 年 1 月 1 日，入选 2020 年十大女性新闻人物。

新冠肆虐，休假回老家荆州公安县的甘如意决定尽快赶回医院上班，好让在一线防疫疲惫的同事休息。当时，高铁长途车返程已不现实，拿到乡镇临时通行证明后她骑着自行车出发。"95 后女孩，骑行 4 天 3 夜返岗上班"的新闻故事，像大西洋吹过来的暖风，让人在寒冷的冬天看到一股逆流而上的力量。她的敬业精神感动了全国网友。

青春感言：

要做什么事情，就一定想办法把它做成，不要去考虑其难度有多大。

骑行 300 公里飞驰武汉

青春岁月，弹指一挥间！翻开手中的青春手册，你看到的是时光在无言的静寂中消逝，还是被精彩的人生装点得无比美丽，或者是虽平淡却一点一滴都真实可追忆？

武汉市江夏区藏龙岛社区卫生服务中心有这样一名医生，她在青春的时光里刻下爱岗、敬业、感恩、奋斗的痕迹。

她，就是甘如意。

如果不是因为疫情期间"骑行回单位上班"的壮举，单位的同事们大多注意不到她。她总是默默蹲在化验室，一个接一个地做样本，你跟她说什么话，她也回答得很简短。

这个沉默的姑娘，在 2020 年疫情席卷武汉时，在最危急的时刻，骑行 4 天 3 夜，辗转 300 公里，从家里回到单位上班。"我姓甘，我不怕苦。"年轻姑娘的壮举，在那个最严寒的冬天里，温暖了无数人的心。

与她如约采访的那天，她的手机不小心摔坏了，记者的电话打不进来，她也打不出去，屏幕上都是一道道的裂缝。甘如意尝试开机，但彻底坏了，她脸上没有抱怨的表情。

大部分时间，她更愿意待在三楼的化验室，给病人查血。她梳着低马尾，话少，虽然门口挂着"全国抗疫英雄甘如意示范岗"这几个字，她低着头走进走出。

2020 年初，武汉疫情暴发，1 月 23 日，武汉"封城"。24 岁的甘如意彼时已经回家过年，她是武汉江夏区金口卫生院的化验员，家在湖北荆州市公安县斑竹垱镇杨家码头村，两地相隔 300 公里。

聪明是一种天赋，而善良是一种选择。甘如意是个内向的姑娘，不太爱表达，但自己心里很有主意，琢磨了好几天后，她决定回到工作岗位上，减轻同事的工作压力。"疫情有点严重，化验室只有一个人，忙不过来吧。"

爹妈自然是不同意的，武汉已经"封城"，人人避之不及，本来庆幸女儿提前回来了，如何能让她再回去？甘如意很坚持，想法也很简单：化验室只有两名员工，自己不回去，就只有同事一个人上班，哪里撑得住呢？反复沟通很多次，父母拗不过女儿，终于还是点了头。

但此时的武汉，并不是想去就能去。回去的路途遥远，同时还有重重关卡。甘如意找村里开了临时通行证，卫生院也给她开了返岗证明，但公共交通已全面停止，怎么回去成了大问题。

骑自行车吧。她想来想去，觉得骑车是个好主意。"以前上学都是骑车去的，这个我熟。"她给包里塞进泡面饼干和橘子，脚一蹬，出发了。

2020 年 1 月 31 日，大年初六，甘如意从家里出发。第一站是到公安县城，从上午 10 点到下午 3 点，她骑了 5 个小时，当晚借住在远房亲戚家。

这辆自行车从小学就跟着她，一路骑到中学，每天 10 公里，一路走了 9 年。但在这一趟艰难的旅途中，"老伙伴"没能陪着甘如意走到最后。2 月 1 日清晨，甘如意骑着车往荆州继续走，在荆州长江大桥被拦下了。由于疫情防控，工作人员不让通行。甘如意掉头回到埠河镇，把自行车寄存在一个副食店里。"妈，你来帮我取一下自行车嘛。"打完这个电话，她开始步行，走过长江大桥，等到达荆州市时，天已经黑了。这是寒冷的冬天，没了自行车的甘如意，返岗之路走了不到一半。她在旅馆里歇了一晚，却从没想过要转头回家。

2日天刚亮，甘如意洗漱出门，荆州下起了雨，她拦出租车准备继续走。连续拦了十多辆车，出租车师傅都说去不了。她站在荆州街头大哭了一场，"那时候感觉所有的希望都破灭了，很绝望"。

哭完这一场，她擦擦眼泪，还是决定往前走。"我都走到这里了，总要想办法克服困难往前走啊！"左转右转，甘如意找了一辆共享单车，打开手机导航，顺着318国道，她又蹬着轮子往前走。

从荆州到潜江，这一路和曾经见过的模样已经大不相同。车也少、人也少，甘如意一路拼命蹬——她得在天黑前赶到潜江。晚上8点，疲惫至极的甘如意，终于在绵绵小雨中到达潜江。

"如果不回去，化验室人手不够可能会瘫痪"

从家里出发时，她没想到这一路竟这样跌宕。从骑车到步行，从自己的自行车到共享单车，3天后，甘如意距离卫生院还有150公里。如果不是被警察帮了一把，回单位的路，还不知道要走多久。

在潜江，几名警察在路上看到骑着自行车的甘如意，询问了解情况后都大为吃惊。"我们明天帮你想办法，你今天先在潜江住下吧。"多亏警方的帮助，在回程第4天，甘如意终于坐上了一辆去武汉的送血车。中午12点多，她到达武汉市汉阳区，然后又找了一辆共享单车。手机从有电骑到没电，一路问着路，下午6点，她站在金口卫生院范湖分院的门口。此时距离她从家中出发，已经过去80个小时。

是什么支撑着24岁的甘如意走完这一程？"科室只有两个人，如果我不回来，同事压力会比较大，万一累倒了，检验科就可能'陷入瘫痪'。"她也不是没想过风险，回单位这件事她一直瞒着男朋友，"怕他担心，又帮不上什么忙，后来他还是看到新闻才知道这件事"。

"如意行"的故事感动了无数人。她被评为全国"一线医务人员抗疫巾帼英雄""全国抗疫先进个人""荆楚楷模"……

新闻背后的故事

疫情过后，一个性格内向的"95后"女孩的世界被打开了。

她需要面对记者的提问，给出内心想法；她需要站在讲台上，面对数百名的大学生演讲；她需要理解副主任的职责是什么，领导化验科员工一起做事。

疫情期间，她曾接受央视记者董倩的采访，一问一答之间，同事董莉在旁边听得心里着急，"别人问她一个问题，她就是半句话说不出来"。大半年过去，在一次媒体活动中，甘如意和记者董倩又有了一次对话的机会，董倩在台上连连表扬她，"话多了"。

面对采访，甘如意以前会害怕，"毕竟很严肃，没见过，我不知道说啥"。她怕说错了话，不敢多言语。现在接触记者多了，慢慢觉得，"就是身边的人，是生活中的一部分"。

坐下来聊天时，她穿着棕色的羽绒服上衣，一条灰白牛仔裤，说话一节节的，答得出来就多说几句，想不出来，就用手指一圈圈地卷着白大褂的边角，再捋平，认真回答。一场采访下来，能对话一两个小时。

成长，在她的心里也是具象的。

回忆起第一次站在宣讲台上，记不住演讲稿，她用小卡片拿在手上；眼睛近视，她想象自己在一片空旷的田野上，像是一个人对着自己讲故事。说到骑行路上，跌倒在水坑里的细节，她在台上会觉得鼻子酸酸的。上台次数多了，稿子也记熟了，还会观察起台下听众的反应。

去参加宣讲、看抗疫展，认识了同在疫情期间奋斗的医护人员和志愿者，甘如意觉得自己收获挺大。"那么多敢于站出来的平凡英雄，从他们身上也能感受到背后的精神。"

她想起以前学过的精神文化建设类似的课程，总感觉很生硬，不理解，现在"它就是活着的"，"回想起来好像不那么生硬了"。

背后是什么样的精神？甘如意给不出漂亮的答案。

同事董莉陪着她参加好几场宣讲会，仔细观察她，觉得"甘如意能吃苦"。有时候，五六点要出发去一个地方参加宣讲，陪甘如意坐在嘉宾席上，一个活动要坐上三四个小时，得思考一会儿要跟什么人见面，要说什么话。董莉有时候私下跟甘如意说："这比上班还累。"甘如意笑一笑，嘴上从没喊苦喊累。董莉觉得挺惊讶的，现在很多年轻人未必能做到。

"她心里有自己的主意，认定的事情，无论多难，都一定要做。"董莉介绍，为什么她能够从300公里外单枪匹马地返回武汉，不是偶然，"她骨子里是有一股子韧劲儿，坚忍不拔的。"

"如意行"的故事被媒体报道。有网友发了流泪的表情，说她"傻得让人心疼"。

2020年2月初，江夏区卫健委宣传科科长张春红看到群里内部信息，说有个孩子从公安县赶回来了。张春红不相信，"这300多公里路，不可能"。他联系到甘如意，询问了路线，又找到潜江路上的民警电话验证，"如意行"的故事才被慢慢揭开。

靠人不如靠己

"小姑娘是一块沉默的金子，直到发光时我们才知道。"虽然甘如意来卫生院工作两年多，平日工作繁忙，院长陈宗勇对她的印象并不深。

就像很多在农村长大的女孩一样，谁也不会关注到她们普通的成长史。

在杨家码头村，甘如意的童年是自由的。

家里有个哥哥，比她大6岁，小时候她骑着自行车去上小学，哥哥也骑着自行车去上初中。家里条件并不好，但给两人都各买了一辆自行车，她记得刚买回来时，"很漂亮的"，铃铛、车把、蓝色的保护壳都有。

小学路上都是泥巴，坑坑洼洼的，骑上20多分钟，自行车也被摔过好几次。初中的学校虽远了一点，但也是骑车上学，等上了高中就得坐大巴去更远的地方上学。

从父母身上，她从小学会了一个道理：靠人不如靠己。

读大学时，她考到了湖北中医药高等专科学校，妈妈说，"学医好"。家里哥哥去了职校，学修电器，在上海工作一段时间后又回到了武汉。

同班同学李高洁在媒体采访时回忆：在校读书期间，纵使辅导员不来查班，甘如意也不会逃课一个晚自习；实验作业对着显微镜下的成像，一遍遍地画出来，交上去的实验报告像是打印机印出来的。"她就是这么执着，不达目的不罢休。"

李高洁从网上看到甘如意骑车赶回武汉支援的消息，"不是太惊讶，觉得那就是她做得出来的事情，她就是这样的一个女孩儿"。

在同学的印象里，甘如意挺安静的，做事不声不响，周末常待在寝室里看书，不爱出去玩。她很细心，有时外面下雨，会帮忙把大家的衣服、鞋子收进来；有同学洗床单被套，她也会过来帮忙一起拧干。

同学王婷记得夏天甘如意经常穿着一件短袖和一条素色牛仔裤配帆布鞋，"就像她的性格一样简简单单，朴素大方"。

大学老师王红对甘如意的第一印象，就是勤奋好学，写得一手好字。2014 年，刚入学，她在书法比赛中得了第一名，课堂笔记也是记得整整齐齐的。

在辅导员匡冠丫的印象里，她"不张扬，学习踏踏实实"。经常看见她一路小跑提前来到教室预习功课，每次考试都是班级前几名。2016 年她曾获得"系三好学生"和"学校优秀共青团员"称号。

毕业实习期间，每当看到血淋淋的急救现场就受不了，人家伤员家属哭，她也跟着掉泪，为这没少挨护士长的批评。她伤感地说："人的生命那么宝贵，怎么说没了就没了呢？"护士长开导她说："急诊工作要求我们要沉着冷静、动作麻利。你这样婆婆妈妈、哭哭啼啼的咋能有效地抢救伤病员！怎能干好急诊这一行？"

她一想也是这个道理，以后每逢急诊出车她都抢着去，在工作中有意识地锻炼自己。没过多长时间，她不仅克服掉了这个坏毛病，而且还养成在当班时候，总是先把抢救室、救护车上的仪器设备检查一番的习惯。新来的护士不理解她为什么这样做。甘如意说："我们的工作关系到病人的安危，每一个细小的疏漏，都会给病人带来不可挽回的影响甚至会危及病人的生命。只有亲自检查过了，心里才踏实。"

实习结束后，单位给她的鉴定是优秀，这个评价是对她的一种肯定。

2017 年毕业，甘如意通过武汉市江夏区金口中心卫生院的招考，成为该院范湖分院检验科的一名化验员。

甘如意很少对外人表达她的想法，常一个人待在宿舍，喜欢看一些古诗词。尤其喜欢宋代王安石的《梅花》："墙角数枝梅，凌寒独自开，遥知不是雪，为有暗香来。"

立在僻静甚至冷清的墙角，冲破严寒静静开放，远远地向世人送去浓郁的幽香，这是绝世之梅，也是绝世之人。

主动迎接新角色

来到金口卫生院工作后，她和 58 岁的肖大建医生轮换着值班，做样本化验，出去玩的时候很少，甚至武汉市中心都没有逛过几次。

有个周末，她一大早起来，决定去武汉市区里看体育比赛，但遗憾没能赶上开场。她心里不甘心，想着好不容易出来一趟，必须要玩得尽兴。

于是，她索性坐高铁，到了湖南长沙。小时候总听路过公安县城的人说湖南好，湖南好。没有任何计划，她一个人去长沙的一个广场逛了逛，也没有发现"湖南好在哪里"，只是觉得"很热闹"，还给自己拍了一张照片，见证这次的"奢侈"之旅。

疫情后，甘如意和宣讲团一起去了武汉部分高校，还去了襄阳、宜昌等地方。以前她觉得，"武汉很大，地方很多"，现在慢慢觉得，"变小了，有时间会经常去市里一些名胜景点凑凑热闹"。

第一次看见大海，是参加集体组织的活动。到了三亚，浪花一打过来，感觉很危险，但远远看就觉得很美。

她的新生活像大海里的浪花一般，层层涌过来，她正小心又兴奋地拥抱着改变。

工作上，她不能再做个只会低头干自己事儿的化验员，现在她分管了藏龙岛社区卫生服务中心的检验科，服务周边50多万名群众。有员工怀孕调休得找她审批；有员工反映问题得找她汇报；有领导班子集中会议她得参加发言。

她挺乐观的："不懂的都可以学啊。包括喜欢不喜欢的都可以，把不喜欢变成喜欢，喜欢变成更喜欢。"

有一次，职工开始休假，人手不够。她跑去问隔壁办公室的董莉，如果要招聘应该向谁请示。董莉告诉她，得科室报备了以后，向主要领导请示，领导班子通过后就可以了。之后，她慢慢明白了其中的工作流程。

服务中心主任陈莺有时从她办公室门口路过，看她中午偶尔不吃饭，一个人在桌子上翻翻书，拿笔写写画画。

在领导班子会议上，甘如意递交了一份提案，建议增设新设备。因服务中心是疫后建立的，很多仪器配备确实存在不完善的问题。陈莺发现，她提的建议是基于日常工作观察中得到的，有一定建设性，"她在主动地迎接新生活，适应新角色"。

这半年的时间，董莉感慨，"甘如意真的是飞跃式地改变，对她来说抗疫经历是整个人生转折点"。从前，无论是开会还是做事，这个小姑娘总不爱表达，现在能说出自己的想法，即使在外面参加完宣讲活动，也想着赶回来继续做化验科工作，学习行政管理工作。"这是个加速点，加速了她的成长。"

有时候，董莉觉得示范岗的效应正在潜移默化地影响着他人。基层医生事务比较琐碎，有同事偶尔抱怨工作辛苦，聊天时有人提到甘如意："你看这么小的姑娘都不怕吃苦，英雄就在我们的身边。"一下子心里觉得这点儿工作困难也不算什么。

"她身上的坚韧劲，支撑着她义无反顾，要做什么事情，就一定要把它做成，不考虑难度有多大。"董莉觉得，甘如意身上的这股劲儿，是很多"90后"身上所稀缺的。一旦到了关键时刻，需要她挺身而出，"骨子里执着又不怕吃苦的劲儿就出现了"。

有人说，甘如意疫情期间的善良之举，就像是黑夜的月光，给夜行的人照亮前行的路。网友在《写给孤胆英雄——甘如意》的诗中写道：

"有人说，'90 后'的孩子太过娇惯太过宠溺

真担心啊，能不能把民族复兴的大任扛起

今天，抗疫战让我欣慰地看到了中国的希望

赤子情报国志正沸腾在青年一代的血管里

高天做证，泱泱华夏，千古江山代有英雄出

江河做证，无数成长着的甘如意正前赴后继！"

疫情过后的第一个春节，甘如意选择留在了岗位值班，跟父母视频，报平安。

新年，武汉的路上又塞满了车辆，商场里人来人往，张灯结彩，热热闹闹的。这个从公安县走出来的 25 岁姑娘，在这座大又陌生的城市里有着自己的梦想：有老公有孩子，有一个很温暖幸福的家，还有工作有收入，每天可以做喜欢的事情。

这是甘如意对未来生活的愿景，真实而又美好。

（杨洁 雷宇）

300 公里返岗走单骑

大家好!

我叫甘如意,今年 24 岁,是武汉市江夏区金口中心卫生院范湖分院检验科的一名医生。

春节前夕,我从武汉回到公安县老家过年。得知我要回去,爸妈很早就开始置办年货，准备我爱吃的东西。可刚回到家，我就得知，为控制疫情扩散，离汉通道已经关闭。情况紧急，武汉最需要医护人员，而我们医院化验室本来人手就紧张，他们一定忙得不可开交。回去！我必须回去！

可一打听，所有去武汉的公共交通都停运了，就连从老家斑竹垱镇双河场村到公安县城的路也封了。

"就是骑自行车，我也要回武汉！"我对爸妈说。

他们脸上满是担心和不舍。爸爸说："你要回单位我不反对，可你一个女孩子要骑车300多公里，得几天才能到，天气冷不说，路上你吃什么？住哪里呀？"

我宽慰他们："车到山前必有路。我是医生，病人需要我。哪怕是回去喊一声'武汉加油'，我也要和同事们在一起！"

我一边规划骑行路线，一边办理通行手续。在村委会，工作人员问我，开了路条，可你怎么去呀？我说，骑车去。他以为听错了，我又说了一遍，骑车去！就这样，他在"车牌号"登记栏里，写下了"自行车"三个字。这张折痕累累的通行证，我会珍藏一辈子。

临行前一天晚上，妈妈拉出一个行李箱，里面塞得满满当当。"这些都是你最爱吃的，路上饿了就吃一点吧。"妈妈说的时候，眼睛红红的，眼泪一直在眼眶里打转。为了骑得轻快些，我最后只带了一个背包，装了几件厚衣服和一些零食。

爸爸不放心，说什么也要陪我到县城，我们骑了五六个小时，当晚就住在县城的亲戚家。

第二天上午，我不忍心再让爸爸陪着，我对他说"你回去吧"。担心爸爸会偷偷跟着我，我执意要看着他先离开，我再上路。看着爸爸远去的背影，我的眼泪忍不住掉下来。"爸爸、妈妈，女儿不在身边，你们要好好保护自己啊！"

一路上几乎看不到人，连车也很少。下午一点钟，我骑到荆州长江大桥时，自行车不让过，我只好把车寄存到桥头的一个副食店，顺便休息一会儿，吃点饼干补充一下体力。拨通家里电话，爸妈对我说："路还有那么远，实在不行还是掉头回家吧"。

我一边安慰他们，一边给自己打气："你们放心，女儿一定行！"

走过大桥，眼看天色越来越晚，我决定今晚就住在荆州。可住在哪里呢？城里也没有亲戚，这个时候去投靠朋友，显然不是最好的选择。我决定到荆州火车站去找家旅馆，这也是我经常坐车的地方。我骑着共享单车到那里时，天快黑了，手机也没电了。火车站外空无一人，街边商店大门紧闭，这还是我熟悉的车站吗？我像一个迷路的孩子，四处寻找能够帮助我的人。看到有一家小店的窗子还透着光，我便壮着胆子上前求助。老板听说我是医生，要赶回武汉上班，十分感动。他多方打听，终于为我在附近找到一个可以落脚的地方。

第三天一大早，我到处找去武汉的车，可是哪里有啊？

　　前方是病毒肆虐的武汉，后面是温暖的家。是继续前行还是原路返回，我真有些犹豫了。我的同事们正在坚守岗位，全国各地的医务人员也在星夜驰援武汉，这时候退缩放弃，我会自责一辈子。

　　搭不上车，那就还是骑车吧。我又找了辆共享单车，沿着318国道，继续赶路。下一个目标——70公里以外的潜江。

　　天上下起小雨，风也特别冷。我没有雨衣，冰凉的雨滴打在脸上，不一会儿，我的手就冻僵了，可羽绒服里却是一身汗。长时间地骑行，我的膝盖越来越痛；背包里的东西也吃完了，又冷又饿。

　　突然，自行车前轮猛地一抖，呀！掉进一个大水坑了，鞋湿了，袜子也湿了，冰冷刺骨。我的背包也被甩出了很远。

　　狼狈不堪的我，简单收拾一下，又出发了。我看了看导航，已经骑了7个多小时，而距离潜江还有10公里，天越来越黑，雨也越来越大了。我一会儿骑，一会儿推，夹杂着雨点的风，肆意地打在脸上，说不出来的疼，我再也忍不住了，大哭起来。

　　是泪水，还是雨水，我已经分不清了。我只记得，自己一边骑，一边在嘴里念叨："甘如意，加油！加油！走一段就少一段了！"

　　9个多小时后，我终于到了潜江。天已经漆黑，在入城的一个卡口，我遇到了几名警察，"我有希望了"。

　　看了我的通行证和返岗证明，警察很吃惊，得知我是骑车过来的，他们纷纷竖起大拇指："厉害了！小姑娘！"有一个警察叔叔，马上让爱人给我送来一大包吃的。阿姨怕执勤点没热水，还专门从家里拎来暖瓶。

感谢这些好心人！他们帮我联系了住宿，还为我找到了第二天开往武汉的顺路车。

当天晚上11点，我躺在旅馆的床上，心里踏实了许多——因为离武汉越来越近了！

2月3日中午，我搭乘到武汉中心血库的顺路车，就近在汉阳下了车。又是一碗泡面下肚，又是一辆共享单车。可是，没走多久，手机却没电了，没有了导航，我只好边骑边问路。下午6点，终于看到了熟悉的金口街。

4天3夜！300公里！我终于回来了！

简短地给父母报个平安，我换上防护服，立即回到工作岗位。听说了我的故事，同事们纷纷为我点赞。我说，"因为我姓甘，所以不怕苦"。

在这次抗击疫情中，我身边的医护人员个个都是英雄，党员更是哪里危险去哪里，哪里需要在哪里。抗疫期间，我也光荣地成为一名预备党员。

9月8日，我有幸去北京参加全国抗疫表彰大会，现场聆听习近平总书记的讲话，总书记多次动情地为青年一代点赞。他说，青年一代不怕苦、不畏难、不惧牺牲，用臂膀扛起如山的责任，展现出青春激昂的风采，展现出中华民族的希望！

听了总书记的话，回想 4 天 3 夜的艰难骑行，我的眼泪止不住淌下来。这一路上，我自己都说不清哭过多少回。膝盖疼痛难忍，我哭了；上坡只能推着车一步步往上挪，我哭了；在加油站吃着泡面，我又情不自禁地哭了。

在父母眼中，我们"90 后"还是稚气未脱的孩子，但我们知道，穿上这身防护服，我们就是战士，我们必须扛起肩上的这份责任！

行动是青春的证明，我想用顶风冒雨、骑行返岗的经历告诉大家，我们青年一代是好样的、经得起考验的，千千万万个青年奋斗的青春、奉献的青春、无悔的青春汇聚在一起，就一定能造就一个青春的中国，请相信我们。

谢谢大家！

彭耿

不向困难低头，敢向风浪说不

彭耿，1984 年出生。

武汉生态环境投资发展集团市政环境建筑工程公司副经理，高级工程师。

2020 年 9 月，被评为"武汉市抗击新冠肺炎疫情先进个人"。

腊月二十九下午，他突然接到通知，要用 10 天时间紧急建设一座新冠肺炎患者专门救治医院。他们日夜不休，采取兵团作战方式，仅用两天时间就完成了正常工期最少半个月的土方量，为火神山医院建设缩短了时间。随后，他又参与了多个方舱医院、医院隔离病房改建、集中隔离点改造以及城市基础设施紧急抢建任务。

青春感言：

疫情磨砺了我们与困难做斗争的意志。在今后的工作中，我们将始终初心如磐，使命在肩，以伟大抗疫精神为旗帜，大步迈向新征程，再立新功！再创辉煌！

团年前夕援建火神山

2020 年 1 月 23 日，原本人来人往的武汉安静了下来，但是路上，为防疫而奔波的车没有减速，每一辆前行的车都有它的使命。16 时许，彭耿开着车，火速赶往蔡甸区知音湖畔的一处工地。

他是武汉生态环境投资发展集团下属市政环境公司的项目经理，当天，接到公司领导指令，紧急抢建一个工程。他以为是一次常规应急抢险任务，估摸着"两三天就能回家"，所以啥也没收拾，开着自己的车就出发了。

到工地天刚擦黑，集团与公司领导已在现场。彭耿到了才知道，参考北京"小汤山模式"，要用 10 天时间紧急建设一座专门救治新冠肺炎患者的医院。

"我们并不知道这项任务有多么艰巨，现场临湖而且高差大，又逢冬雨绵绵，泥土软黏，难以平整。节前工人返乡、工厂停工，材料运输也不畅。没有设计施工图，防疫措施要求高，必须在短短 10 天之内完成这个任务，当时在场的每一位同志，心都是悬着的。"

彭耿所属的单位，承建医院及周边道路、场地平整、配套管网埋设等工作。

当时，医院名字尚未确定，现场照明设施还没来得及搭建。借着背后知音湖大道的路灯，彭耿看到，掩映在暮色中的是一块滩涂坡地，场地临湖，高低落差较大，不远处卧着几口废弃的水塘，杂草丛生。

那天是腊月二十九，上午 10 时，武汉市"封城"。许多工人在农历小年前就回老家了，去哪儿找这么多工人？一些工厂也停工了，现场需要的材料哪里来、怎么运过来？任务太紧急了，施工设计图纸还没拿到……一系列困难摆在面前。

一起在现场的，还有中建三局、武汉建工、汉阳市政等企业。当晚，各大企业连夜调集施工机械与人员紧急集合。

半个小时后，第一台挖掘机进场。那是集团公司从附近一处项目工地临时调来的，彭耿和同事们当即展开前期清场工作。

第一步，要将进场道路进行平整处理。武汉连续多日阴雨，工地泥土软黏，"像橡皮胶一样难以平整"，大家穿着套鞋，每一步踩下去再拔起来，需要用上多于平时两倍的力量。现场立着围墙，需要推倒，方便后续器械入场；场地杂草也需要清埋。彭耿负责对任务进行分工，同时打电话继续调配机械、人员、物资。

那晚起，大家都没有回家。各个参建单位的设备、人员陆续进场，施工连夜进行。彭耿一直忙到次日凌晨近 4 时，换班后，他到公司在附近为大家安排的酒店休息。

说是休息，实际上只躺了两个小时。清晨 6 点多，再到工地，轰隆声此起彼伏，眼前的一幕让他惊异：各家单位的上百台挖掘机、推土机均已抵达，正同时作业。知音湖大道上，挤满了各种建筑材料与器械，

"在设备数量与工程进度上，和头一天晚上相比，已是天壤之别"。

那天是大年三十。武汉生态环境投资发展集团投入170余名管理人员、作业人员，以及145台机械设备，在1天时间内，完成了火神山医院先期场地平整工作，以便后续施工环节顺利实施。

彭耿记得那晚，大家在工地上"以汤代酒"，武汉人爱喝藕汤，盛着汤的一次性方便碗碰在一起，算是过年。

十天抢建生命的堡垒

建设现场，十余家施工单位、上百台大型机械、几千余名施工人员交叉作业。在这场与疫魔竞速的较量中，每一道工序的时间安排，精确到以小时来计算。

武汉生态环境投资发展集团负责的配套管网施工线路多、迁改难度大、协调工作量非常大。协调是多方面的：施工单位之间、公司内部、人员、设备、防疫物资……每天，彭耿刚开始处理手头的一件工作，其他需要协调的事情又来了，许多事情需要当即拍板，"必须思路清晰，确保每一个环节顺利高效完成"。

为协调好一件事情，有时他来回得打十来个电话才能妥善解决。一次，工地需要一台杀菌设备。那时，武汉封城，湖北全省交通管制，这类设备不光紧缺，运输也困难。

他在微信群与朋友圈中发布求助信息，当天就有一名山东的热心人士表示愿意义务提供，但是没法送来。彭耿需要先联系货车，再找愿意前去运输的司机。那时，正是病毒最肆虐的时候，司机送一趟货到武汉，意味着风险以及面临 14 天隔离，找到司机并不容易。

此外，还得协调办理通行证。同事刘占股与他搭档，他记得，到第三天、第四天时，彭耿嗓子沙哑，已经快说不出话了。大伙儿劝他稍微休整一下，彭耿摆摆手，继续忙活。

1984 年出生的彭耿，从武汉理工大学工程管理专业硕士毕业后，刚参加工作时，他不怎么适应工作环境。很快通过日常的努力工作，渐渐适应了新的工作。项目部领导出于对他的信任，先后让他参与深圳地铁 3 号线、5 号线的建设。

在工作中，他虚心向领导或同事请教，不断厘清工作思路，总结工作方法，干中学、学中干，不断掌握方法积累经验。平时，他注重以工作任务为牵引，依托工作岗位学习提高，通过观察、摸索、查阅资料和实践锻炼，较快地完成任务。另外，他经常利用晚上业余时间，消化工作中遇到的难题来提升自己。

通过在项目中的摸爬滚打，他的业务能力有所提高。公司安排他主持武汉市左岭大道其中一段的道路排水工程，武汉市轨道交通 8 号线一期徐东大街路面提升工程等项目，黄陂区美丽乡村横山段项目。他在这些民生工程的建设过程中，积累了丰富的项目管理经验，曾经被评为所在集团公司年度标兵，武汉市市政行业"优秀建造师"。

彭耿第一次参与由这么多兄弟单位协作建设的火神山医院项目，为了完成组织的承诺，他每天晚上忙到凌晨三四点才下班。

离开工地前，他下意识掏出手机，以同一个角度拍一张工地照片，等到第二天上午再来，"看到的景象又不一样了"。各家单位工程进度如此齐整、建筑工人如此之多、人心如此之齐、每天变化如此之大，"可能这辈子也难遇第二次了"。

他感叹建设速度之快。1月24日凌晨，设计师连夜加班，5小时内拿出设计方案，不到24小时画出了设计图；25日，医院正式施工，高峰期间，现场280套机械同时作战；26日，第一间样板房建成；27日，首批箱式集装箱板房开始吊装搭建；28日，双层病房区钢结构初具规模……

国家电网260多名电力职工不眠不休24小时连续施工，在1月31日前，完成两条10千伏线路迁改、24台箱式变压器落位工作、8000米电力电缆铺设，并按时送电。

工地上还有"夫妻档"，张玉星、文静夫妻来自贵州黔东南苗族侗族自治州，二人都是钢筋工。工地分布着很多班组，安装工、管道工、木工等诸多工种交叉作业，昼夜不停。火神山施工进度最受瞩目的时候，参建者的身影曾出现在几千万人在线观看的"云直播"里。不过，摄像头只能扫见繁忙的工地全貌，看不清黄色安全帽下的面孔，正是这些默默工作的人，为我们展示了令人惊叹的中国速度。

在施工现场，彭耿深深地体会到"全国一盘棋"的真正含义。

华为、中国移动、中国电信、中国联通等前后方企业紧密配合、协同作战，在36小时迅速完成5G信号覆盖，还交付了云资源、核心系统的计算与存储设备，并建成与解放军总医院的远程会诊系统。

中国铁建高速公路优先放行火神山医院物资；宝武钢、浙商中拓、五矿发展提供钢材；中国建材提供石膏板、龙骨……

2月1日12时，武汉生态环境投资发展集团完成全部管网及配套建设；火神山医院全面展开医疗配套设备安装。2日上午，顺利交付完工。

7500名建设者，24小时不间断作业，从规划到验收，仅用了10天10夜全部完工。其间，全国各地的援助星夜送来，看着一辆辆挂着"武汉加油"横幅的货车开进施工现场，大伙儿本来已经透支的身体又充满了斗志。

这其中，还有许许多多来自中小企业、普通百姓的力量。

14家洛阳家具企业连夜赶工价值20万元的文件柜，发货后才告知"不用买，我们捐"；大年三十，河南沈丘白集镇退伍老兵王国辉驱车300公里，将8000斤冬瓜、上海青、香菜直接送到工地；四川资中县水南镇农民黄成，精挑细选1吨"资中血橙"，发来工地捐给"前线最可爱的人"；营业不到一年的淘宝店主金辰，不忍看到昼夜赶工的工人们席地而坐，捐献400个板凳……

他亲身参与刷新"中国速度"，感慨这背后离不开中国建造技术的支撑，以及同舟共济、坚不可摧一齐向前掘进的力量，"仿佛在带着你跑"。

"我们日夜不休，采取兵团作战方式，心往一处想，劲往一处使，发现错误及时修正，发现漏洞及时补上，仅用两天时间就完成了正常工期最少半个月的土方量，这不仅为后续施工争取了时间，更大大增强了我们的信心。"

彭耿说，整整 10 个日夜，建设者们用黢黑的眼圈、磨烂的耳朵、上火的咽嗓，以及肿胀到脱不下鞋的脚，终于筑起了火神山这座生命的堡垒。

疫情考验着初心

2 月 3 日起，火神山医院正式收治病人。彭耿和工友们没有离开，继续留守在工地，负责检查管网，排查故障，确保医院的正常运行。

与同事们朝夕相处，他看到了每一个人身上的闪光点。

施工员孙文优，原本已回到位于武汉市郊的农村老家。大年三十那天下午，得知公司有紧急任务，他心里也着急。平时，这个"90后"小伙子觉得彭耿平易近人、没有"领导架子"、有急难险重的活儿总冲在一线，于是在微信上留了句"你怎么样，辛不辛苦"。那时，彭耿正忙着调配工人，没空多说，回复他"辛苦，来不来解救"。

孙文优看到微信后，当即决定参加火神山医院的建设。他告诉正在准备年夜饭的父母，"疫情太严重了，要去建医院"。父母也觉得"应该去"，嘱咐了他几句。孙文优饭也没吃，就开上车出门了。

　　两个小时后，他出现在彭耿面前，领取了任务，就穿上套鞋，下到工地一个水塘里干活。直到第二天上午，彭耿再来到水塘边，孙文优已经干了一个通宵。彭耿问他干吗不休息，孙文优明明累得快要站不稳，却跟他开起玩笑："不晓得几点了，也没人叫咱停呀。"

　　作为危重症患者救治医院，火神山医院的建设就是一场与死神竞速的决战，早一分钟建好，就能早一分钟挽救一个生命。与彭耿一样，孙文优从小在武汉长大，疫情面前，多做一点事情、多抢一点进度，他觉得"是应该的"。

　　2月3日23时50分，指挥部紧急通知——医院1号楼一处污水管严重堵塞，无法疏通，需要紧急支援。彭耿看到，集团党委书记、董事长胡承启火速召集骨干力量赶赴现场，经过5个小时的持续努力，疏通任务连夜完成。

建设火神山的日日夜夜里，胡承启一直守在现场，靠前指挥。集团在工地临时成立党员突击队，彭耿也是其中一员。党员身先示范、有力引领，全体参建人员争分夺秒、日夜鏖战。他亲眼见证：那些紧急时刻，党员都冲在最前线。

平常都说党员要起到带头作用，相比日常工作，在火神山建设现场，对于党员先进性，他有了更真切的认识，也"真真正正从内心感受到了这份责任"。

2月14日，彭耿从火神山医院工地离开，他和伙伴们又接着援建了湖北省委党校方舱医院、省妇幼医院隔离病区改造、江夏普安新村方舱医院和汉口监狱隔离间改造等工程。

彭耿说，在加快打造"五个中心"、建设现代化大武汉的历史进程中，他将始终初心如磐，使命在肩，以伟大抗疫精神为旗帜，大步迈向新征程，再立新功！再创辉煌！

永不过时的工匠精神

在刘占股的记忆里，在火神山奋战的二十多个日夜，彭耿作为公司项目负责人，基本每天都是最早到达、最晚离开的。有几次凌晨2时许，刘占股离开工地前，提醒他也赶紧回去休息，彭耿答应了。可第二天一早，刘占股再来工地，彭耿已经在现场了，"他有时就在车里和衣睡一会儿"。

孙文优则发现，这人比他想的"还要拼"。

此前，在跟随彭耿攻坚光谷一处道排项目时，夜间十点多，工地临时传来紧急任务，孙文优来到现场，发现项目负责人彭耿已经先于大家赶到。项目经常需要赶工期，彭耿与工人们一道加班加点，"经常忙到晚上十一点才回家"。如今到了火神山工地，有时，凌晨两点多大家下班回去休息了，紧急任务来了，彭耿又是第一个顶上去。

来火神山工地之前，彭耿也没发现，自己"这么能熬"。

从家里出发时，他没有带换洗衣物。那些天，武汉经常阴雨绵绵，有时还飘雪。每天，彭耿在工作服外披件雨衣，穿上套鞋，在工地一连忙碌十多个小时下来，步数超过2万。冷风灌进脖子，明明冷得要命，工作服里的内衣却已快要滴水，"不知是汗湿的，还是闷出来的"。

直到一周后，他趁休息时间开车回家，他不敢进家门，在门卫室领取了换洗衣物，转身又赶回工地。

持续地熬夜，身体也有报警的时候。一度，彭耿凌晨回到住处，觉得脸发烫，心脏"快要跳出来"，量体温身体并未发烧。他选择倒头就睡，期待"恢复体力"。

爱人和5岁的孩子在家，他没有经常给家里打电话，也极少视频。

一是没那么多时间，二来，他不想让家人看到工地环境艰苦的样子，"怕他们担心"，他习惯发个信息报个平安。

付出了辛苦，他觉得自己收获更多。

在工地时，他时常碰到有志愿者赶来，主动提出想要加入建设者行列，不计报酬、不计时间，"什么都不要"。按照工地管理规定与防疫要求，他只能谢绝他们的好意。但私下，他深深为这些普通人身上闪现的义勇精神所感动。

一起为火神山拼过命，与同事之间，他收获了更稳固的信任、更坚固的情谊。如今他继续奋战新的建设项目，很多工人都是曾一起奋战火神山的好战友，冲着他在疫情中表现出来的超高综合素质与吃苦耐劳品质而来。用孙文优的话说："跟着这样的人一起做事，不会错。"

他对一起奋战的同事，有了新的认知：所谓的"基建狂魔"，不过是一群善良勇敢的人，穿上了铠甲，在所有人的祝福中负重前行。

2020年9月，彭耿获评"武汉市抗击新冠肺炎疫情先进个人"荣誉称号。表彰大会上，作为建设者代表，他说，这次疫情"考验了自己的初心，也磨砺了与困难做斗争的意志"；千千万万基建人为抗疫付出了努力，自己只是其中一个代表。

疫情防控趋稳，彭耿更加珍惜眼下的生活，他觉得，空闲时应该多陪陪家人。

但疫情后的第一个春节，他又是在工地上度过。

疫情控制后，武汉市政府决定在蔡甸、江夏、黄陂、新洲等地建设"平战结合"三甲医院。

2020 年 7 月 20 日，平战结合三甲综合医院（黄陂区人民医院）建设项目正式开工建设。作为武汉疫后兴建的 6 大公共卫生应急管理体系基础设施建设项目之一，该院设置床位 1200 张，其中包含平战结合床位 1000 张，传染病床位 200 张，战时可扩充至 1600 张。

"项目工期非常紧，只有正常工期的三分之一，要在今年 5 月底完成土建施工，7 月底完成安装和装修，年底就要投用。"参建火神山医院经受住了重重考验，彭耿被选定为这一项目的施工负责人。他每天 7 点就到达工地。

春节期间，项目没有停工。在他带领下，约 800 多名工人奋战在一线。7 天里，3 栋楼每栋都"长高"了一层半。

彭耿的座右铭是"不向困难低头，敢向风浪说不"。他在疫情中真真切切地经受住了严峻考验，对前进路上的风险挑战有了更深刻的认识。特别是受到党带领人民舍生忘死抗击疫情、敢于压倒一切困难而不被任何困难所压倒的壮志豪情感染，进一步激发他用工匠精神，为社会做出更多贡献。

（朱娟娟 雷宇）

克难攻坚不辱使命
建设城市守牢初心

尊敬的各位领导、同志们：

大家好，我叫彭耿，是武汉生态环境投资发展集团下属市政环境建筑工程公司的一名项目经理。习近平总书记说，国有企业是党执政兴国的重要支柱和依靠力量。武汉作为疫情防控阻击战的主战场，市属国有企业勇挑重担、攻坚克难，用实际行动展现了疫情防控主力军的硬核本色。

腊月二十九下午 4 点，我们接到通知，要用十天时间紧急建设一座新冠肺炎患者专门救治医院。消息一来，原本心急如焚、有劲无处使的职工们沸腾了，留在武汉的同事踊跃报名，外地的同事也纷纷表示要赶回来和大家一起战斗，我所在的市政集团迅速集结起一支 170 余人的管理队伍，调集 145 台设备，我们冒着大雨第一时间来到了位于蔡甸的建设现场，连夜开始场平施工。

当我们满怀豪情来到火神山医院建设现场时，并不知道这项任务有多么艰巨，现场临湖而且高差大，又逢冬雨绵绵，泥土软黏，难以平整。节前工人返乡、工厂停工，材料运输也不畅。没有设计施工图，防疫措施要求高。要在短短十天之内完成这个任务，其实在场每一位同志，心都是悬着的。

正月初一，习总书记亲自指挥、亲自部署，强调"生命重于泰山，疫情就是命令，防控就是责任"，号召全体党员干部带头同时间赛跑，与病魔较量。作为危重症患者救治医院，火神山医院的建设就是一场与死神竞速的决战，早一分钟建好，就能早一分钟挽救一个生命。想到这些，我和我的同事们都不再畏惧任何困难，加油干就是了！我们日夜不休，采取兵团作战方式，心往一处想，劲往一处使，发现错误及时修正，发现漏洞及时补上，仅用两天时间就完成了正常工期最少半个月的

土方量，这不仅为后续施工争取了时间，更大大增强了我们的信心。整整十个日夜，我们用黢黑的眼圈、磨烂的耳朵、上火的咽嗓、肿胀到脱不下鞋的脚，终于筑起了火神山这座生命的堡垒。

在市委市政府的坚强领导下，我们以强烈的使命感，自觉将守护城市的重任扛在肩上，充分发扬"特别能战斗、特别能吃苦、特别能担当、特别能创新、特别能奉献"的城建铁军精神，先后完成 1 个定点医院、22 个方舱医院、9 个医院隔离病房改建、23 个集中隔离点改造和 11 个城市基础设施紧急抢建任务，累计搭建床位 24857 张，成为参与人数最多、参战时间最长、参建抗疫任务最重的市属国企。

这次疫情考验了我们的初心，也磨砺了我们与困难做斗争的意志！在建设国家中心城市、打造国际化大都市的历史进程中，我们城建人将始终初心如磐，使命在肩，以伟大抗疫精神为旗帜，大步迈向新征程，再立新功！再创辉煌！

谢谢大家！

熊念

扛过去的就是成长路

熊念，1984 年出生。

武汉市红十字会医院党委副书记、院长，副主任医师。

2020 年 9 月 8 日，获颁"全国抗击新冠肺炎疫情先进个人"。

疫情出现之后，为了控制病人入口、减少传播源头，他经过科学论证，决定关停门诊，花 5 天左右将发热患者划分到不同病区分类诊疗，比武汉市相关文件规定的还早 10 天。尔后，因医院情况特殊，只有一栋楼、一个门，为避免交叉感染，他主动提出不开设发热门诊，及时阻断了传播源头。

青春寄语：

要想更好地锻炼自己，实现理想，开创事业，这个沃土一定是在基层；只有基层才能给予更宽广的成长空间。

"顶住，就有希望"

灾难都是突发的，它不以人的意志为转移。譬如地震、海啸、台风以及新冠肺炎，它都是以一种突发的姿态出现，来挑战人类的智慧与极限。

2020 年，一场突如其来的疫情，打乱了熊念事先制订的陪家人度假的计划。作为武汉市红十字会医院的"掌门人"，他是第一个率队"抢出"武汉市首个新冠肺炎定点医院的人。

他虽然不是传染病专家，但其扎实的医学专业背景，还是能让他判断得出此次疫情非同小可。1 月中旬，该院住院部 10 楼肿瘤科一位病程 10 年的患者去世，去世时双肺全白，整个肿瘤科的医护人员都感染了，包括 12 位医生、14 位护士。

风暴猝不及防地来临，"我们似乎看见了魔鬼的影子"。熊念回忆说，初期对新冠肺炎的传染性认识不足，呼吸科之外的科室防护不足。

随后，他紧急启动病房改造，把 9 楼病房改成呼吸三科，并对 10 楼病房进行全面消毒。几天后，又组织将 10 楼改建成了呼吸四科，尽可能多地收治患者。

1 月 21 日，武汉市疫情防控指挥部的会议上，有专家提出了发热病人集中就诊的"7+7"新模式，即城区 7 家大型医院帮扶 7 家二级公立医院，被帮扶的医院作为发热患者定点诊疗医院专门接诊、收治发热患者，减少发热患者在不同医院之间的流动。

武汉市红十字会医院（以下简称"武汉红会医院"）成为首批发热患者定点诊疗医院之一，1月22日，武汉红会医院的门诊量达到单日1700人次。第二天，门诊量达到这家百年医院的历史高峰——2400人次。

熊念说，对武汉红会医院这家综合性二级甲等医院而言，根据医院设计的容量，门诊量一天最多800人次。800平方米的门诊大厅，密密麻麻全是人。为了防止交叉感染，我们又组织人员按防护要求重新站队，就诊的患者和家属从医院一直排到门外的马路上。

一边是门诊要接诊数量达两三倍于日常的疑似病人，一边是住院部要紧急转移原有的300多名其他疾病的患者。除此之外，还有传染病医院最基本的清洁区、污染区的改造。

熊念感到前所未有的压力，好在组织上安排他在其他医院副院长岗位上锻炼过，"否则自己真的应付不过来"。

1月23日下午3点左右，武汉红会医院迎来第一批住院的新冠肺炎病人。按传染病医院的要求改造后，只有400张床位，但当天晚上就收了340位病人，第二天就满了。

至暗时刻，一小时一小时地扛。回忆起1月21日的那个下午，熊念几度哽咽。他心疼自己的战友，当第一批患者涌入发热门诊时，当时武汉红会医院标准的医疗防护服只有13套，"就靠13套上了战场"。

防护物资极度匮乏，很多医护人员的防护服只能反复穿，上完一班脱下来喷酒精消毒，消完毒晾干以后接着再穿。

最开始的一个月，医院里的防护物资只能保证半天，救治的医疗物资同样极为稀缺。更让人头疼的是医院没有那么多呼吸机、那么高流量吸氧设备、那么多急救仪器设备。

熊念决定用"土"办法开展自救，解决工作中的实际难题。当时医院只有5台心电图机，由专人负责天天拎着到病床前去为患者做检查。以前，医院只有几个科室用氧气就行了，现在每个病人都要用氧气，熊念组织了一支移动搬运氧气团队，二三十个年轻小伙子天天搬运。

在武汉红会医院门口，两个10米高、直径2米的白色大氧气罐引人注目，就是当时临时想出来的办法。熊念说："如果不采取果断的急救措施，患者或家属就容易找医生扯皮。我们只好快速想办法解除患者焦虑与恐慌的心理。"

医护人员的严重不足伴随整个抗疫的初期。一个病区有30位患者、5位医生、八九位护士。在人数不够的情况下，很多护士都是12小时倒班，弹性排班，只要哪里人不够，就往哪里顶上去。"忙的时候，就连喝口水都要挤时间。"

"简直是在病毒中'裸奔'"

回顾最艰难的那段日子，这个"80后"院长说，很多事现在根本都想不起来，那时感觉自己就是一个"消防队员"，"时时刻刻准备着哪里起火就去哪里救火"。

不断地有人病倒，很多医生护士都曾偷偷哭过，无力感和恐慌情绪在医院蔓延。此时此刻，这场疫情不只是对白衣战士身体极限的考验，更是对大家意志和心理承受能力的考验。

熊念坦陈，在那段至暗的时间里，他也不知道自己能撑多久，心里只有一个信念：顶住，就有希望。

1月26日下午，四川省第一批援鄂医疗队的138名医护人员抵汉后立即进驻武汉红会医院，开展定点援助，所有人的感觉是救星到了。"如果这138人再晚来两天的话，整个医院都会崩溃。"熊念说。

四川医疗队专家仔细考察医院现状后，建议立即停诊，马上再造医院感染病流程，将现有发热病人进行甄别分类，控制病人入口，重建医疗秩序。

这是武汉红会医院开始好起来的第一个时间节点。此时，医院还有六七百个疑似病人还在候床。"病床早就住满了，病人已过度饱和。"如果继续开着门诊，那有不少病人还要等。

流程再造完成后的第二个阶段就是对病人进行分类分层管理。第一个工作就是在门诊完成筛查分类，按阳性、疑似和阴性将发热患者划分到不同病区分类诊疗，避免交叉感染。"花了5天左右的时间区分开了，比武汉市相关文件规定的还早10天。"

重症ICU病房也开始了重建。当四川医疗队的专家走进武汉红会医院的 ICU 时，发现这里居然没有负压隔离病房的条件，被认为"简直是在病毒中'裸奔'"。

后面还有很艰苦的一段日子，就是转诊患者。因为医院的体量有限，大量患者分层分类后要转到火神山医院、雷神山医院、金银潭医院、同济医院中法院区或协和医院西院区。

"最高一天转诊 176 个人。"疫情期间，医院总共转了 2000 多例，目的是让他们快速得到有效的治疗。

当然，转诊不是简单地把病人送至另外的医院，需要跟接收医院进行流程对接，有时需要五六个小时才能完成。熊念说："中间哪个环节不通畅，对病人来说都是天大的事。"

小心谨慎的熊念在疫情期间却做了一个大胆的决定，关停门诊48 小时。

对这位"80 后"院长而言，关键时刻的决策可能危及自身的风险也不少。"甚至有可能都会被问责。"

因为医院没有权力停自己医院的门诊，必须要上级同意。当时，医院不断向上级打报告、请示，但确切的批示迟迟没有传来。

如果不紧急关停门诊，就不能把患者分开，会带来更大程度的感染，对越来越多拿着住院单却进不来的病人也是伤害。

"那时只想快速切断传染源，没有考虑其他后果。"熊念说，最后如果要承担责任的话肯定是自己。但关键时刻也要有所担当，要不组织要我来做什么呢？

他认为，在灾难来临时，每个人都不能置身事外。只有像士兵一样具有生死无畏、视死如归的作战精神，才能打赢这场新冠肺炎阻击战。

武汉红会医院的发热门诊临时关停的消息一度引来上级的调查，最后还是认可医院的做法。

平时，这位年轻的院长尽可能争取医院领导层的一致意见，但在战时，熊念第一时间站出来表达自己的想法，"关键时刻的风险要担必须担，这是担当精神"。

基层成长起来的博士

这个有担当的青年人是从基层成长起来的。

2011年，他获得哈佛大学医学院与华中科技大学联合培养博士学位，回国后在协和医院神经内科从事帕金森病基础和临床工作。

在一次调研中熊念偶然得知，位于湖北西南边陲的恩施州鹤峰县，其几千平方公里地块范围内，仅有一所综合性医院——鹤峰县中心医院，医疗技术、科研水平、基础设施等方面较城市中心地区医院水平差距较大。

2014年，熊念主动要求支援鹤峰县中心医院建设。当时有好心人曾劝他：要珍惜时间，在本院尽快干出成绩。

熊念有自己的坚持："要走进医疗水平不发达、人民群众需求更迫切的地方，才更能体现医生的价值。将所学所用毫无保留地奉献出来，才更能为区域医疗做出贡献。"

他在当地开展肉毒素注射治疗在神经疾病中的应用、帕金森病的早期嗅觉检测、急性缺血性卒中的溶栓治疗等业务新技术，改变了当地人"大病看不好""小病不好看"的刻板印象，填补了恩施州多项医疗空白。

基层成了熊念汲取营养的沃土。

2015 年，熊念参加湖北省委组织部、共青团湖北省委的第四批博士服务团，担任秦巴山区十堰市茅箭区人民医院副院长。

"之前都是在科室工作，从 2015 年第一次接触到医院管理，才开始思考区级医院的生存和发展问题。"熊念说道。

在十堰茅箭区人民医院工作的一年时间里，医院新增心理 CT、脑血管造影等 80 多项新业务；理顺了门诊、急诊就医秩序；他也对国家推行的分级诊疗制度有了更真实的体会。

基层的经验又被带到了协和东西湖医院。

2017 年，他成为协和医院托管医院——协和东西湖医院的党委副书记、副院长，推动协和东西湖医院与 11 家基层医疗卫生机构签订医联体合作协议；成立了临空港区域骨科、康复、卒中、帕金森、糖尿病医学联盟；组织武汉协和医院教授来开展大型义诊、公益手术等学术活动达 30 余场次。

"如果想更好地锻炼自己，实现理想，开创事业，这个沃土一定是在基层的，因为只有基层才能给予更宽广的成长空间。"回顾自己的成长经历，他挺感恩过去的基层时光。

学生时代，记得自己的导师教导他说："吃亏是福，遇到了事情要抢着做。"

他组织开展"连线荆楚、服务四区"巡回义诊和医疗扶贫，去往大别山区、武陵山区等25个县市区义诊，累计行程过万里，接诊患者10350例，培训医师5128名。

2019年6月14日，武汉协和医院正式托管"武汉红会医院"。35岁的海归博士、神经内科专家熊念出任院长。这是武汉协和医院托管的第7家医院，同时也是协和首次在中心城区探索建设区域紧密型医联体。

上任伊始，熊念积极推动这家百年医院的改革：引进协和神经内科、心血管内科等10余科室专家坐诊、查房和手术指导，使专家义诊、坐诊常态化；引进了输尿管软镜碎石术、肩关节镜术等一系列新技术；改造科室，按照患者病种结构和结合专科发展，打破重组，实现内外科一体治疗。

疫情后，他也看到了身边年轻人的担当。2020年8月，抗疫工作阶段性结束，武汉展开全民核酸检测，当时正值8月，"天气非常炎热，那时在街道里进行核酸检验的都是'90后'，他们是主力军，完成了全民检测的工作"。

对于年轻的医生，他建议要在不同单位实践，展开业务技术的培训学习，提高自己的学术影响力，使自己的能力得到全面提升。

科学管理的提升

疫情后，"催人跑"的感觉越来越强烈。

经过一场战"疫"，他开始思考如何提高武汉红会医院应对突发卫生事件的能力。

"实际上，通过疫情，我们真正做实了医联体，做实了分级诊疗。"熊念发现，老百姓对社区卫生服务中心的认识也比以前高得多。"目前，我们医院托管的12家社区卫生服务中心中有5家属于紧密型，其中有2家基本上做到人通、物通、财通、信息化通。"

"要提高基层医院应对突发公共卫生事件的能力，需要探索出一个整体的应对方案，比如，上级指定了定点医院，但关于如何改造、如何配置人力资源、去哪里筹集物资并没有具体指示，这些都需要医院自己在短时间内立即解决。"

熊念发现，像武汉红会医院这样的基层医院都对传染病的定点医院了解不多。对医院来说，有很多流程要设计，有很多细节要关注，不同的科室都来应对新冠肺炎，医护人员的防护与培训怎么同步跟上都是问题。

另一个值得关注的问题是：医院应变能力的评价体系还未建立。以疫情为例，临时转为传染病应急医院的机构行业标准是什么，包括门诊量要控制在多少，配备多少诊室，医护人员的比例怎么设计合适等。

"我已经整理出 31 项指标，就是针对上面的四类问题。"目前，熊念带领团队已经完成预调研，通过各个医院的反馈来完善问卷信息，结合统计和大数据信息来逐步完成评价体系。

接下来，他将围绕托管目标，打造"江汉区医疗核心圈"，构建"1+1+12"紧密型区域医联体。健全三级医疗网络的联动，形成以武汉协和医院为龙头、武汉红会医院为主体，并逐步纳入江汉区 12 家社区卫生服务中心为成员的区域医疗联合体。

"利用信息化技术完善绿色快捷高效的三级医疗网络，畅通绿色转诊通道，更好地服务病人，更好地改善患者就医体验，缓解不平衡不充分的发展的主要矛盾。"

医院年轻人的想法也在疫情后被激发出来。年前，医院展开中青年医学骨干座谈会，有个青年医生提议要加强双循环，一方面覆盖更多的医院，加快外循环，另一方面是促进内循环，增加内部多学科联合协作的机制，把同一个病人服务好。

听取了多位年轻医生的意见，熊念组织成立了一系列多学科协作的联合诊治的协作团队。

如何为病人提供更好的服务，如何完善医疗服务体系，如何在基层医院落实分级诊疗制度。这是他要在探索中解决的课题。

"倒逼着很多事情要改革"

疫情后一年，熊念的工作也完成了细分，加速地运转着。他带领医护人员新开了四个诊疗中心，分别是睡眠医学中心、标准化代谢疾病管理中心、疼痛医学中心、高血压达标中心。

"疫情是个催化剂，倒逼着很多事情的改革。"

他的时间是被分割的。上午 10 点前，在医院召开工作会，讨论最新的任务进展；10：00～11：30，原定接受媒体采访，院里临时出现了突发事件，他匆匆开车出去；12：30，一边吃着盒饭，一边回答记者的提问，摄像机架在旁边。

在睡眠医学中心专家主任朱春丽的印象里，这个 35 岁院长，"做事情效率极高"。晚上 11 点多还在参加研讨会，早上 7 点又收到了他发来的工作信息，"全身心地扑在服务病人的工作中了"。

熊念之所以决定在自己领导的医院组建睡眠医学中心，是因为一份调研报告，深深地刺痛了他的心。

事情源于一位同人，针对全国五万多名受访者得出的结论：我国每年有三分之一的成年人会患有失眠，疫情期间，30% 的受访者存在失眠焦虑，而在医护人员之中这个比例高达 42%。

他仔细研究这个调研报告数据，发现部分病人存在抑郁、焦虑等情绪，这些症状都可能影响到身体健康。从专业角度分析，睡眠障碍中部分疾病或与心理因素相关，会影响到脏器功能，使高血压、心脏病、中风等疾病的发生率升高。

他想起有关"杏林"的故事。三国时期董奉看病不收费用，但重病者病痊愈后，要在他居住的山坡上种植杏树五株；病轻者，种一株。由于他医术高明，医德高尚，远近患者纷纷前来求治，数年之间就种植了万余株杏树，成为一片杏林。杏子成熟时，董奉写了一张告示，规定：来买杏的人，不必通报，只要留下一斗谷子，就自行摘一斗杏去。他把杏子交换来的谷，用以救济贫民。据说，每年有两三万贫病交加的人，受到董奉的救济。

从此，人们用"杏林"称颂医生。"杏林"也成为历代医家激励、鞭策自己要努力提高医技，解除病人痛苦的典范。

熊念这位"杏林中人"，像一个少年攀登一座山，疫情后有了更高的工作目标。

他马不停蹄地筹备睡眠医学中心，2020年11月投入运行。不同于传统的就诊，熊念一开始就大刀阔斧地做了创新：以神经内科为中心，整合呼吸内科、心血管内科、老年科、耳鼻喉科、头颈外科等相关学科，建立综合性睡眠疾病的筛查、诊断、治疗及科研中心。在这个新成立的医学中心，服务病人除了基础药物治疗外，他大力地引进失眠认知行为治疗系统、经颅磁刺激仪等物理治疗设备。

睡眠医学中心的服务开始铺开。曾有一位45岁的女士前来就医，睡眠时长仅有 3 个小时。11 月 4 日，在睡眠医学中心就医的第一晚，通过 8 小时睡眠监测，睡眠医生、专业技师、心理测评师一起制定了个性化睡眠障碍治疗方案。出院时，病人夜间有近 90 分钟的深度睡眠，睡眠质量得到改善。

这项改革举措极具前瞻性。

2019 年起，睡眠医学开始写进住院医师规范化培训的标准教材，在解决病人的身体健康问题之外，如何做好心理上的健康服务，成为尚待开拓的新领域。

中国睡眠研究协会副理事长曾到睡眠中心考察，希望他们打造中国睡眠医学中心的最佳示范基地，为制定行业标准提供模板，可供全国其他地方复制借鉴。

"通过及时的心理疏导、专业的心理康复服务，医护人员帮助老百姓打好'心理防御战'，将心理危机干预纳入疫情常态化防控整体部署。这也是科学防疫不可或缺的一部分。"疫情后，他对常态化防疫工作有了新的领悟。

这位"80 后"院长还在不断地拓展医疗服务的前沿阵地。

"我们另一个中心是标准化代谢疾病管理中心，针对糖尿病病人进行血糖管理；还有高血压达标中心，保证一天内的血压是相对平衡的，避免很多并发症的发生；另外还有疼痛医学中心，通过中西医结合的方式，实行无痛化的治疗。"谈起疫后的生活，他的回忆里塞满了新中心的组建方案和进展。

在医疗方式上，熊念带领团队做了大幅度调整，改变传统以疾病为中心即"头痛医头、脚痛医脚"的方式，转向"以病人为中心"，针对病人提供专业的综合性治疗方案。

熊念举例说，譬如住院部的病人刚开始只有专科方面的疾病，但在治疗过程中可能会发现病人还存在失眠、焦虑等其他心理性疾病。这样就可以建议患者转移到睡眠医学中心接受综合治疗，"完成病人的内部循环，以病人为中心，提供更好的医学服务"。

疫情之后的工作，熊念仍然处于连轴转的状态，"只能前进，不能后退，何况有些新业态还在不断地逼着你去跑"。

（杨洁 雷宇）

"80后"院长的战"疫"百日记忆

今年35岁的熊念，从2019年6月开始执掌武汉市红十字会医院（以下简称"武汉红会医院"），这位哈佛医学院的博士所经历的战"疫"百天，几乎也就是医护人员保卫武汉日日夜夜的一个缩影。尽管困难重重、饱受煎熬，但始终无人抱怨叫苦叫累，"扛过去的就是成长路"。

在他看来，这次疫情，暴露了基层医院在突发公共卫生事件应对能力上的不足。最值得总结的是，基层医院如何探索一个整体的应对方案。

当江汉关的钟声敲响，宣告 4 月 8 日到来时，武汉人在这个地标下欢呼："我的武汉回来了！"长江两岸的灯光秀依次打出援汉医疗队各省份的名字，以此表达武汉人心中的感谢。

对武汉红会医院院长熊念来说，4 月 8 日的时间节点更有一种走出至暗时刻、云开月明的滋味。

作为距离华南海鲜市场最近的一家综合性基层医院，武汉红会医院是最早受到新冠肺炎疫情冲击的医院之一，2019 年 12 月 17 日就接诊了第一例不明原因肺炎患者，并在 1 月 22 日成为武汉市第一批发热患者定点诊疗医院。

不堪回首的日子里，全院 800 多名医护人员有 57 人被确诊新冠肺炎，患者潮水般涌入，医护人员超负荷工作，医院几近崩溃。再后来援兵到来，诊疗秩序逐步恢复，这家有百年历史的医院如重生一般。3 月 25 日，在送走最后一名新冠肺炎患者并经过一周的消杀后，武汉红会医院重新开诊。

"风暴来袭，我们似乎看到魔鬼的影子"

熊念说，如今回想起来，2019 年 12 月 17 日来就诊的那名华南海鲜市场的批发商，就像倒下的"第一块多米诺骨牌"。后来的日子，发热患者不断涌入，一天 300 多人、患者"肺部 CT 磨玻璃样"、有华南海鲜市场接触史等信息接二连三汇总到他那里。

尽管患者数量激增，2019 年 12 月 29 日，熊念还是决定把呼吸科做成隔离病房，把平时的 40 张床位压缩到 30 张，尽量一间病房一位病人，减少交叉感染。

元旦过后，呼吸科一床难求，原有的一个呼吸科病房不够了，熊念部署紧急改造体检中心一层楼，成立了呼吸二病区。

根据核酸检测结果，1 月 5 日，武汉红会医院向武汉市卫健委上报了 10 例确诊病例，那也是武汉核酸检测确诊的第一批患者，当时全市上报了 59 例确诊病例。

风暴依然猝不及防地来临，"我们似乎看见了魔鬼的影子"，熊念回忆说，由于初期对新冠肺炎的传染性认识不足，呼吸科之外的科室防护不足。

1 月中旬，住院部 10 楼肿瘤科一位病程 10 年的患者去世，去世时双肺全白。整个肿瘤科的医护人员都感染了，包括 12 位医生、14 位护士。

面对激增的患者，熊念再次紧急启动病房改造，把 9 楼病房改成呼吸三科，并对 10 楼病房进行全面消毒。几天后，他又组织将 10 楼改建成了呼吸四科，尽可能多地收治患者。

百年医院迎来就诊高峰

1 月 21 日，武汉市疫情防控指挥部的会议上，有专家提出了发热病人集中就诊的"7+7"新模式，即城区 7 家大型医院帮扶 7 家二级公立医院，被帮扶的医院作为发热患者定点诊疗医院专门接诊、收治发热患者，减少发热患者在不同医院之间的流动。

武汉红会医院成为最早的一批发热患者定点诊疗医院之一，但留给他们改造的时间只有半天。当天下午 5 点 30 分，红会医院 14 个发热门诊准时开放，这也是武汉市"7+7"新模式后第一家开放发热门诊的医院。

1 月 22 日，红会医院的门诊量达到单日 1700 人次。因为当时绝大多数医院发热门诊都关停了，武汉各地的发热患者像潮水一样涌过来，最远的甚至从几十公里外的光谷地区过来。第二天，门诊量达到这家百年医院的历史高峰——2400 人次。

熊念说，对武汉红会医院这家综合性二级甲等医院而言，根据医院设计的容量，门诊量一天最多 800 人次。800 平方米的门诊大厅，密密麻麻全是人，哭的、吼的、躺在地上的，就诊的患者和家属从医院一直排到门外的马路上。

一边是门诊要接诊数量达两三倍于日常的患者，一边是住院部要紧急转移原有的 300 多名在床普通患者、尽快收治新冠肺炎患者。除此之外，还有传染病医院最基本的清洁区、污染区的改造。

1月23日下午3点左右，红会医院迎来第一批住院的新冠肺炎病人。红会医院的体量很小，按传染病医院的要求改造后，只有400张床位，但当天晚上就收了340位病人，第二天就满了。

仅靠13套防护服就上了战场

至暗时刻，一小时一小时地扛。回忆起1月21日的那个下午，熊念几度哽咽，他心疼自己的战友，当第一批患者涌入发热门诊时，当时红会医院标准的医疗防护服只有13套，"就靠13套上了战场"。

防护物资极度匮乏，很多医护人员的防护服只能反复穿，上完一班脱下来喷酒精消毒，消完毒晾干以后接着再穿。申请物资调拨、购置的报告每天都在不停地打。"说得最多的就是求人的话，就是战场上告急呀！"熊念回忆。

最开始的一个月，医院里的防护物资只能保证半天，救治的医疗物资同样极为稀缺。这家区属的基层综合医院没有那么多呼吸机、那么高流量吸氧设备、那么多急救仪器设备，甚至急救车都不够。

当时医院只有5台心电图机，由专人负责天天拎着到病床前去为患者做检查。以前，医院只有几个科室用氧气就行了，现在每个病人都要用氧气，熊念组织了一支移动搬运氧气团队，二三十个年轻小伙子天天搬运。

在红会医院门口，两个10米高、直径两米的白色大氧气罐引人注目，这是当时临时救助竖起来的。"救命的氧气供不上呀，有这两个大罐子就能保障了，但它们却是'违章建筑'，几个部门都来查问过。"熊念哭笑不得。

医护人员的严重不足伴随整个抗疫的初期。一个病区有 30 位患者、5 位医生、八九位护士。但如果按照传染病医院护理人员的配置，一个病区至少要有 24 位护士。

很多护士都是 12 小时倒班，弹性排班，只要哪里人不够，就往哪里顶上去。最艰难的时候，病房没人值班，护士长上；护士长病倒后，护理部主任亲自领班。

最令熊念心痛的是，由于前期防护物资缺乏和过度劳累，医院有 57 位职工感染确诊，49 岁的普外科医生肖俊在战"疫"中牺牲。

"流程重挫，你不知道下一秒会发生什么"

熊念说，疫情让整个医院的运行流程受到重挫。初期，医院一度打了一个多星期乱仗。

对一家没有大规模收治过传染病患者的医院来说，需要整体再造流程，诸如防护服的规范穿脱等细节都需要写进流程说明书。熊念说，医院全员走上战场，眼科医生、外科医生都要以最快的速度熟悉传染性疾病的诊疗规范和流程。

病人就诊、住院的流程也要重新设计，熊念说，中间哪个环节不通畅，对病人来说都是天大的事。

一开始，所有的流程跟以前的医院运行完全脱节，矛盾冲突难以避免。办理住院的窗口拥堵，长时间排队导致办理手续的住院患者异常激动，熊念的同事甚至曾经被患者殴打过。

"你不知道下一秒到底会发生什么"，回顾最艰难的那段日子，这个"80后"院长说，很多事现在根本都想不起来，随时一个事就得让人重新进入一个新的情景，"时时刻刻准备着哪里起火就去哪里救火"。

不断地有人病倒，很多医生护士都曾偷偷哭过，无力感和恐慌情绪在医院蔓延。此时此刻，这场疫情不只是对白衣战士身体极限的考验，更是对大家意志和心理承受能力的考验。

有人提出辞职。2月初，5份辞职报告送到了熊念的手中。"打仗的时候怎么能辞职呢，那不是当逃兵吗？"熊念决定暂缓接收辞职报告。他说，这场没有硝烟的战"疫"中，初期时人都会害怕，毕竟对病毒知之甚少。他理解辞职员工的担心，也明白要通过做更多实际工作让大家安心。

"援兵来了，是我们的救星"

1月26日下午，四川省第一批援鄂医疗队的138名医护人员抵汉后立即进驻红会医院，开展定点援助，所有人的感觉是救星到了。"如果这

138人再晚来两天的话，整个医院都会崩溃。"熊念说。

考察完医院现状后，四川医疗队建议应当立即停诊，马上再造院感流程，将现有发热病人进行甄别分类，控制病人入口，重建医疗秩序。

这是红会医院开始好起来的第一个时间节点。"医院的值班可以安排下去了，开始了规范化的规划。"

此时，本着"应收尽收"的要求，红会医院有六七百个已盖章要收治的病人还在候床。"病床早就住满了，病人已过度饱和。"如果继续开着门诊，那有不少病人还要等。

流程再造完成后的第二个阶段就是对病人进行分类分层管理。

第一个工作就是在门诊完成筛查分类，按阳性、疑似和阴性将发热患者划分到不同病区分类诊疗，避免交叉感染。"花了5天左右的时间区分开了，比武汉市相关文件规定的还早10天。"

重症ICU病房也开始了重建。当四川医疗队的专家走进红会医院的ICU时，发现这里居然没有负压隔离病房的条件，被认为"简直是在病毒中'裸奔'"。

后面还有很艰苦的一段日子，就是转诊患者。因为医院的体量有限，大量患者分层分类后要转到火神山医院、雷神山医院、金银潭医院、同济医院中法院区或协和医院西院区。

"最高一天转诊176个人。"疫情期间，红会医院总共转了2000多例。转诊不是简单地把病人送至另外的医院，需要跟接收医院进行流程对接，熊念说，有时候，转诊一名患者需要五六个小时。

"协和本部支援队、四川援鄂医疗队以及北京、上海、陕西的志愿者给我们提供了巨大帮助，如果不是他们，我们真不知道该怎么扛过来！"回忆起整个战"疫"过程，熊念如是感慨，在后来医疗队撤离时，他都亲自送行。

"关键时刻的风险要担必须担"

这场特殊的疫情考验着每一个人。对这位"80后"院长而言，关键时刻的决策可能危及自身的风险也不少。"比如关停门诊48小时，包括后期决定3月18日起集中消杀，可能都会被问责。"

关停门诊48小时的决定当时是和四川医疗队一起做出的。熊念回忆，因为医院没有权力停自己医院的门诊，必须要上级同意。当时，医院不断向上级打报告、请示，但确切的批示迟迟没有传来。摆在熊念面前的是两难抉择：一方面，没有更多时间与上级继续充分沟通；另一方面，如无法开辟单独通道，就不能把患者分开，会带来更大程度的感染，对越来越多拿着住院单却进不来的病人也是伤害。

"压力还是蛮大的，就像在当逃兵。"熊念说，最后如果要承担责任的话肯定是自己，但当时的确没纠结过，"两害相权取其轻，不能让医院崩溃。"

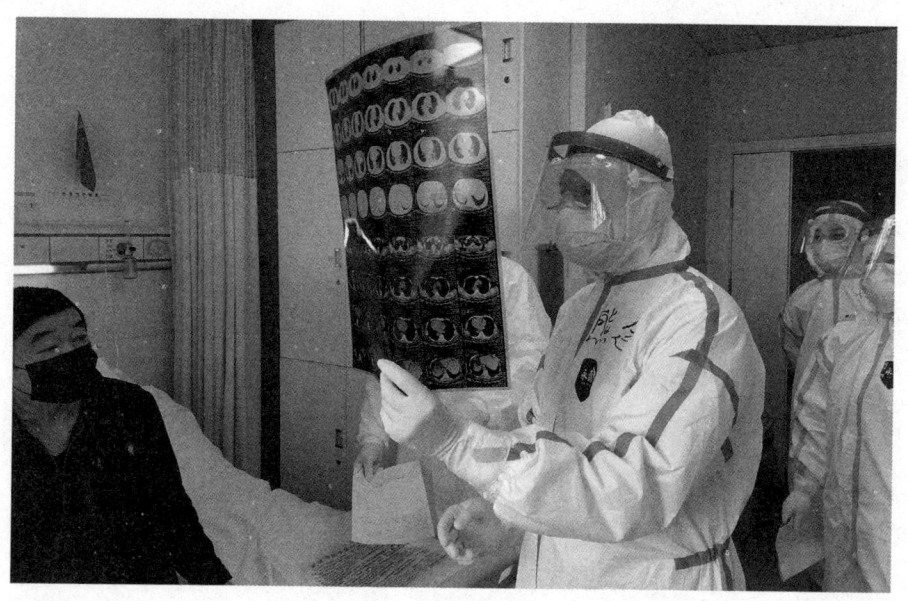

停诊 48 小时的决定，医务人员都支持，"大家觉得这是一个实事求是的决定，是为了更好地出发"。

红会医院的发热门诊临时关停的消息一度引来上级的调查，但最后医院的做法得到了认可。

3 月中旬，医院向上级打报告，提出医院如恢复正常门诊，就不能开发热门诊了，这同样是一次特别的坚持。

因为红会医院的情况特殊，只有一栋楼、一个门。"我只有一个选择，要么看发热，要么不看发热。两边的患者在一起交叉的话，感染风险极大。"

平时，这位年轻的院长总是尽可能争取医院领导层的一致意见，但是在战时，就必须要坚持对的意见。"关键时刻的风险要担必须担，这是担当精神"。

1月25日，正是疫情最危急的时刻，妻子给熊念打电话告知孩子发烧的消息，他一边接听，一边和同事讨论工作。

1月26日，妻子也发烧了，他实在走不开，只好叮嘱妻子自行前往医院拍CT。幸好检查结果显示，妻子、孩子均非新冠肺炎感染。

回首这段和同事并肩战"疫"的日子，熊念说，尽管困难重重、饱受煎熬，但从最初的慌乱无章到后来的忙中有序，从最初的孤苦无援到最后的多方支援，从最初的定点收治到最后的恢复生产，始终无人抱怨叫苦叫累，"扛过去的就是成长路"。

如何避免悲剧重演

在熊念看来，疫情背后，需要总结和反思的地方太多。这次疫情暴露了基层医院在突发公共卫生事件应对能力上的不足。

最值得总结的是，基层医院如何探索出一个整体的应对方案。熊念说："比如，上级指定了定点医院，但关于如何改造、如何配置人力资源、去哪里筹集物资并没有具体指示，这些都需要医院自己在短时间内立即解决。"

熊念说，像红会医院这样的基层医院都对传染病的定点医院了解不多。患者只知道到这里来，但对医院来说，有很多流程要设计，有很多细节要关注，不同的科室都来应对新冠肺炎，医护人员的防护与培训怎么同步跟上都是问题。

事实上，"7+7"模式的作用也未得到很好发挥，这其中很重要的原因就是：一家普通的医院要临时改建为传染病医院真的困难重重。

熊念认为另一个值得关注的问题是，这样临时转为传染病应急医院的机构行业标准是什么，包括门诊量要控制在多少，配备多少诊室，医护人员的比例怎么设计合适等。

第三个问题是没有体系来评估医院的应变能力。"什么时候应该做什么，做成什么样，做得好不好，不知道。"具体执行的过程中，就是到处救火，从患者救治的效果来讲，可能也是参差不齐。

此外，由于疫情来势凶猛，上级部门难以及时协调解决每个医院遇到的难题，仅靠医院自己应对，比较困难。

医院的工作慢慢恢复正常后，熊念最近正在研究如何加强公立医院应对公共卫生事件能力的评估体系建设。"我已经整理出 31 项指标，就是针对上面的四类问题。"

（雷宇 王鑫昕）

培育强国一代关键就在今天的校园

——武汉解封一周年之际，专访武大校长窦贤康院士

武汉解封已经一年有余，武汉大学校长窦贤康院士有时依然感觉，"还没有完全从那种场景里出来"。

他至今清晰地记得，去年疫情风暴之初从老家逆行回武汉，从火车站出来只有自己孤身一人，往日车水马龙的街面上甚至看不到一辆汽车。

今天的英雄城市武汉已经开始全面复苏。

他亲自当起了珞珈山上樱花大道的"第一解说员"，与来自江苏、上海、广东、湖南、安徽等省市的1.2万余名抗疫医护人员及家属一起，在这所有着全国最美校园之誉的百年名校共赴樱花之约。

"我们以最高礼遇设置医护人员赏樱专场，既是为了践诺，表达我们最真挚、最浓厚的感恩之情；更重要的是以伟大的抗疫精神感染和教育学子，激励他们心怀家国、勇于担当、砥砺前行。"窦贤康说。

在这位"双一流"高校院士校长看来，培育强国一代关键就在今天的校园。

"抗疫中展现了大学的担当"

4月24日，窦贤康院士参加清华大学百年校庆，在校长圆桌会上，他如是感慨："过去经常说大学最重要，这次抗疫是确确实实让大家感觉到大学的作用。"

2020年初，面对突如其来的新冠疫情，武汉大学人民医院和武汉大学中南医院共提供了1万多张床位收治病患，并接管了雷神山医院、武昌方舱医院等多家医院，支援金银潭医院危重症患者救治。

不仅在临床一线用血肉之躯筑起了阻击病毒的钢铁长城，武大人还冲锋在科技抗疫最前沿，为力克新冠疫情贡献智慧。

病毒学国家重点实验室蓝柯团队是国内最早发现和确定新型冠状病毒的团队之一；病人迅猛增加核酸检测之际，中南医院影像科张笑春教授建言CT影像作为新冠肺炎首选诊断方法被采纳……去年6月，Digital Science发布了一份新冠科研活动报告，在报告所做的新冠科技贡献度排名中，武汉大学中南医院、武汉大学人民医院分别位列全球第二位、第三位。

在这次新冠疫情最危急的时刻，全球数十万武大校友自发组织，调用一切资源上演"生死速递"，将一批批宝贵的抗疫物资通过包机、专车从全球各地运往一线，武大校友捐款捐物超过12亿元。

武汉大学青年学子的抗疫故事同样被窦贤康院士在不同场合讲起。

比如，武汉"菇凉伢"、大三学生郑欣怡，在保证自己在线学习的基础上，参加线上家教志愿服务，为父母在武汉抗疫一线的孩子补习功课。在那段特殊超长寒假里，武大学子为600多名医护人员子女提供了"云家教"。

郑欣怡还坚持去社区超市分拣蔬菜，为保障社区团购贡献力量。她说："哪里需要，我们就去哪里，尽量承担更多社会责任。"

"人性的光辉，关键是危难的时候大家都能够履行自己该履行的责任。"窦贤康院士说，尽可能地在危难当中大家人人伸出援手，这对身处其中的武大学子无疑是一个重要的教育。

"从民族到个人都要懂得诚信懂得感恩"

如何看待抗疫中的青年一代？

窦贤康说，这是一个古老的命题。长江后浪推前浪，一代总比一代强，这是历史规律。"面对这一次的重大灾难，事实证明这一代年轻人是靠得住的。"

在武汉疫情最困难的时候，窦贤康院士到方舱医院看望医护人员，遇到几位非常年轻的护士，当时医疗物资很匮乏，她们脚上戴的只是普通的塑料袋。

窦贤康问这些比自己的女儿年龄都小的姑娘怕不怕，护士们回答，刚来时都怕，接触到病人以后，本能的职业操守促使她们干好工作，其他就想得很少。"人就是这样，就像战场上的士兵冲锋，枪一响什么都不怕了。"

"把最美的樱花盛景送给抗疫英雄，是最合适的礼物。"2020 年 3 月，窦贤康院士走出方舱医院那一刻的心愿，化作了学校向 4.2 万"逆行"的援鄂医疗队员发出的公开邀约和承诺：连续 3 年为援鄂医疗队员以及湖北省疫情防治一线医护人员和家人开设免预约赏樱绿色通道，提供好赏樱服务。

一诺千金。

2021 年大年初六，窦贤康院士专门召开会议，专题布置如何兑现这个一年前许下的诺言。在他看来，大学寄托了整个社会的价值期待，具有展示真善美的职能，践行承诺也是对学生最好的教育。"一个民族，包括一个人，要懂得感恩懂得诚信。"

他介绍，在组织志愿者的过程中，一开始还担心报名人数不够，后来参与的"95后""00后"大学生志愿者超过千人，连一些年龄非常大的老师都主动请缨。"这种良知和爱心，很多人是与生俱来的，为抗疫一线医护人员提供志愿服务给了他们一个表达的机会。"

"这不仅是一次志愿服务，更是一场生动的爱国主义思政课，它教会我们感恩曾帮助过我们的恩人们，感恩在国家危难时义不容辞、挺身而出的每一位英雄，这些都激励武大学子成长为有家国情怀的大写的人。"窦贤康院士希望，这场志愿服务成为当代青年懂得感恩、学会担当的第二课堂。

从抗疫活教材中汲取成长力量

去年6月20日，武汉大学2020届线下毕业典礼如期举行。

这是特殊时期的一场特殊仪式——北京新发地疫情留给人们的惊魂未消，人群聚集的恐惧犹在。

珞珈山上，660名毕业生身着学士服，接受恩师拨穗，完成和母校的告别。不同于以往所有的毕业典礼，现场参加典礼的师生在仪式伊始全体起立脱帽，为在新冠肺炎疫情中牺牲的烈士与逝世同胞默哀。

为什么坚持举行线下毕业典礼？

窦贤康觉得，一定要让学生知道毕业典礼是一个庄严的仪式，不管遇到多么大的艰难险阻，给学生一个学业完整的承认。"希望武大学子从抗疫这本鲜活的'教科书'中，汲取成长的力量。"

"也希望通过这场典礼，纪念武汉人民付出的巨大牺牲和取得的可贵胜利。"窦贤康院士说，彼时的武汉急需昭示这座英雄的城市是安全的。时任武汉市长专门跑到街市上吃饭，就是想传递一种信号，而大学的关注度无疑更高。

"人无精神则不立，国无精神则不强。"窦贤康院士说，回望历史，历经5000多年风雨的中华民族之所以能在危难中愈挫愈勇、不断奋起，正是因为有一种宝贵的民族精神在支撑。"希望寄托在这场仪式中的武大精神能由这届毕业生得以延续和弘扬。"

事实上，这决不是鲁莽的英雄主义。

窦贤康院士专门安排辅导员征集学生参加毕业典礼的意见，发现报名踊跃；对于疫情防控做了周密、精准的安排，甚至包括每位学生之间的距离，都有精密的测算。

行胜于言。最终，数以亿万的观众在云端见证了这份从百年武大里传递出的勇气和担当。

培育强国一代关键在今天的校园

疫情改变了世界格局，今天的青年一代如何从中找到自己的位置？

在窦贤康院士看来，这场肆虐全球的疫情已经不单单是一场公共卫生领域的危机，不仅加剧了原有全球格局的改变与冲突，还深刻影响着世界发展的进程与未来。"从一个国家到我们每一个人，应对疫情的态度和疫情之下的选择，直接决定不同的结局和不一样的未来。"

在武大，窦贤康院士经常给学生算一笔账，2035 和 2050 不再遥远，今天在校园里的基本都是"00 后"，到 2035 年 35 岁，到 2050 年 50 岁左右，"实现'两个一百年'目标的关键就在今天的校园，你们的品格、态度和水平，在很大程度上决定中国未来的样子"。

窦贤康说，"强国一代"不是一句口号，也不是从天而降的，首先要有理想信念。

窦贤康给学生作报告时，经常现身说法——自己 20 世纪 80 年代末出国留学时，北京的市面上都没几辆小汽车，从市区到机场，坐下午的飞机早上七点就要出门。

到了法国，看到巴黎市区环路上的汽车尾灯闪烁汇流成河，中法之间经济发展的巨大差距震撼着心灵。"当时心里一直有一根弦，就是我们这代人不奋斗，国家一定强大不起来。"

窦贤康说，当年回国时第一个月工资到手只有在国外的 2% 不到，那时也没想到后来还可以当院士当校长，但回过头看，"凡是有所成就的，都是把个人理想实现融入国家发展的大局之中"。

强国一代还需要建设强国的本领。

窦贤康院士说，中华民族伟大复兴路上，只有将关键技术掌握在中国人自己手中，才不会被别人"卡脖子"；而核心技术突破背后都是基础研究中最基本的科学原理和科学规律，"对高等教育人才培养的期待比以往任何时候更加强烈"。

在他看来，做学问绝不能走捷径、急功近利，从长远来看，这不是做真学问，更不能做成大学问。学术研究是一场终身的修行，需要青年一代耐得住寂寞，经得起诱惑，守得住底线，以"十年磨一剑""甘坐冷板凳"的耐心和专注做出真学问。"未来中国以什么样的状态屹立于世界民族之林取决于你们今天的努力和奋斗。"

（雷宇 吴江龙 孟令芳）

从伟大抗疫精神中汲取青春成长力量

——专访华中师范大学马克思主义学院副教授徐秉国

毫无疑问，"80后""90后"是一个极其特殊的群体——他们是改革开放后出生的一代；他们是在中国特色社会主义思想教育下成长起来的一代；他们是肩负强国使命必将谱写第二个百年新篇章的一代。

一场史无前例的疫情所产生的巨大冲击波，必将让身处其中的年轻人急速蜕变和成长。变和不变之间，对于这一代人，庚子抗疫注定是会去回顾、会去讲述的青春故事硬核和奋斗精神的活水源头。

2020 年 9 月 8 日，习近平总书记在全国抗击新冠肺炎疫情表彰大会上提出了"生命至上、举国同心、舍生忘死、尊重科学、命运与共"的伟大抗疫精神。

如何解读伟大抗疫精神？青年一代如何从中汲取成长力量？我们对长期致力研究中国精神的专家、华中师范大学马克思主义学院徐秉国副教授进行了专访。

理解伟大抗疫精神需要把握"传承"和"发展"两个关键词

记：如何理解伟大抗疫精神？

徐：2020 年 9 月 8 日，习近平总书记在全国抗击新冠肺炎疫情表彰大会讲话中强调："在这场同严重疫情的殊死较量中，中国人民和中华民族以敢于斗争、敢于胜利的大无畏气概，铸就了生命至上、举国同心、舍生忘死、尊重科学、命运与共的伟大抗疫精神。"讲话里分别阐释了"生命至上""举国同心""舍生忘死""尊重科学""命运与共"的基本内涵，这 20 个字就是对抗疫精神的高度总结与概括。

习近平总书记在讲话中说："伟大抗疫精神，同中华民族长期形成的特质禀赋和文化基因一脉相承，是爱国主义、集体主义、社会主义精神的传承和发展，是中国精神的生动诠释，丰富了民族精神和时代精神的内涵。"我们可以根据这段话来理解，第一个概念是"一脉相承"，第二个是发展的问题。

"一脉相承"，中华民族在 5000 多年的历史中形成了富有中国特色的民族精神和时代精神。那么在"一脉相承"里，特别强调我们党在建党过程中及成立以后对中国精神的巨大作用和价值。这首先表现在全民性觉醒。在纪念五四运动 100 周年大会上，习近平总书记总结五四运动的重大意义时提道："五四运动改变了以往只有觉悟的革命者而缺少觉醒的人民大众的斗争状况，实现了中国人民和中华民族自鸦片战争以来第一次全面觉醒。"就是说过去的革命只是少数人的革命，大众是茫然无知的。五四运动则是全民觉醒的开始，人们认识到自己的命运靠自己去争取和改变。这是党的第一个重大的作用价值。

第二个就是党对中国精神的贡献，表现在主动性。党在 1921 年成立以后，我们党有一个基本的判断，就是：中国人的精神从此由"被动"转为"主动"。习近平总书记在十九大报告里面也讲过这个话。意思是说，鸦片战争以后的中国革命，我们更多的是把眼光瞄向西方，被动学习西方的文化、物质、制度、精神，但是没有达到强国富民的目的。然而中国共产党成立之后，我们把马克思主义基本原理和中国的实际相结合，同中华优秀传统文化相结合，自主探索我们的发展道路，精神上由"被动"转为"主动"。这是党的第二个重大贡献。

第三个贡献是党赋予了中国精神以新的特征。就是把爱党、爱国、爱社会主义统一起来了，担当起民族独立和人民解放，国家富强和人民富裕的新使命。在中国共产党成立 100 周年的伟大历程中，党对丰富中国精神的作用是巨大的。党领导在中国革命、建设、改革开放和中国特色社会主义现代化建设中锻造了很多的宝贵精神，构筑起了中国共产党人的精神谱系。比如井冈山精神、长征精神、遵义会议精神、延安精神、西柏坡精神、红岩精神、抗美援朝精神、"两弹一星"精神、特区精神、抗洪精神、抗震救灾精神、抗疫精神等伟大精神，据统计约有 90 多个。改革开放以来，也有一些围绕同自然灾害、疫情作斗争的精神。譬如 1998 年抗洪精神；2003 年抗击"非典"精神；2008 年抗震救灾精神以及 2020 年的抗疫精神等。我们回顾这些精神，就会发现它们是一脉相承的，其中就强调了万众一心、众志成城、不怕困难、顽强拼搏的爱国主义精神。在抗疫精神里有一个词叫作"举国同心"，它是一脉相承下来的，是我们中华民族文化当中最宝贵的一个特质。

习近平总书记讲话里也提到了抗疫精神对中国精神的发展。在什么地方发展？发展了什么？我们比较一下"生命至上""尊重科学""命运与共"这几个关键词。

"生命至上"是传统仁爱思想，也是我们党的宗旨的 个生动体现，这个精神我们在改革开放以后开始有所注重。2008 年抗震救灾精神中，我们有句话叫"以人为本"，也是"生命至上"的一个表达形式。这次强调把人的生命安全和身体健康放在第一位，更突出人的生命和地位，这是价值观上的一个发展。

"尊重科学"，这在 2008 年抗震救灾精神中也做了一个概括，当时也有这么一句话。在改革开放之前就比较少的谈这些东西，改革开放之后无论是抗震救灾还是抗击疫情，我们都是通过科学方式进行的。在这次抗疫斗争中，我们就是依靠科学，通过技术手段、疫苗研发等阻击疫情，同时我们也大力传播科学精神，把科学贯穿在抗疫斗争的整个过程。

最后一个是强调"命运与共"，这是新时代的中国与世界关系的一个新的发展的体现。因为在抗疫斗争中，一开始湖北武汉属于"重灾"区，世界上其他地方相对来说，疫情还是比较轻的。日本、韩国等国家和地区给了中国必要的援助。中国讲知恩图报，当我们自己的疫情得到有效控制后，立马去回报世界。用我们的经验、物资、技术、资金，包括我们的医护人员去帮助世界卫生组织，帮助其他国家和地区抗击疫情。习近平总书记讲的"人类卫生健康共同体"是抗疫斗争过程中很重要的一个观点，也是人类共同价值的体现。这在以前的精神中没有提出这个概念。

记：这也是一个时代的发展，掌握了对科学技术的认知后，开始对生命的尊重。另外一个就是说，中国在与世界建立命运共同体的格局中，也还是有一个发展的过程。

徐：中国和世界的关系，跟以前相比，是不一样的。因为过去中国比较隔绝，可能没有这样一个互动的关系，那么现在我们一起建立命运共同体，它就是一个发展的过程，这是它的传承和发展。

如何认识改革开放后的新一代

记：您如何看待"80后""90后"一代？

徐：如何看待"80后""90后"一代不是一个好与坏的单选题，而是一个复杂的评价。至于如何去评价？我们过去更多的是从成年人的角度去评判他们：是被娇惯的一代，好像不能承担起他们的责任。实际上从抗疫斗争来讲，"80后""90后"确实成长了。习近平总书记赞扬广大青年人同在一线英勇奋战的广大疫情防控人员一道，不畏艰险、冲锋在前、舍生忘死，彰显了青春的蓬勃力量，交出了合格答卷。广大青年用行动证明，新时代的中国青年是好样的，是堪当大任的！所以我们看待他们的成长过程，要遵循历史和现实统一的逻辑。从现实来说，"80后""90后"一代有什么特质？他们和我们所说的"50后""60后""70后"有什么不同的地方？我们一定要认识清楚。

对于如何去认识他们的特质，我总结有几个基本观点。

首先，他们有物质性和精神性的统一。所谓的物质性就是他们的价值取向是比较务实的，因为他们是市场经济的原住民。他们在自己的追求上比较注重物质，这是一个务实的价值取向。但是他们的物质生存条件和我们不一样。他们已经是叫作"生存无虑"了，人们在物质得到基本满足之后，有一个比较高的精神追求，就是我们十九大所说的"美好生活的向往"，不再仅仅是局限在物质上。他们是注重物质和精神平衡、统一的群体，不是像"50后""60后"为了生存而奔波的群体。这是新时代很重要的一个变化。

其次，他们的价值取向还有一个特点，就是个体性和集体性的统一。所谓的个体性就是他们很大一部分作为独生子女，看待问题时往往比较自我，强调自我价值、个人利益，这是很重要的一个特点。但是他们毕竟生活在一个社会主义国家，他们所受的学校教育、以及家庭教育，使他们有一个强烈集体主义观念。可以说，他们是个体性和集体性两者比较完美地结合在一起，而不是一个单纯的所谓西方的个人主义观点。这也是不同的一个地方。

此外，他们还有民族性和世界性的统一。所谓民族性就是他们有很强的爱国主义价值观，主要表现在关注我们国家的发展与进步，特别是通过抗疫斗争，对中国的未来有很强的信心。他们同时又是改革开放的受惠者，会站在经济全球化的角度看待问题，带有世界眼光，对国家大事、世界形势比较关注。

总结来说，这就是为什么他们跟我们所说的"50后""60后""70后"，是完全不同的一个新群体，我们要充分认识到这一点。

记：如何认识抗疫精神对青年的作用和价值？

徐：我觉得任何一种精神，只要亲身经历了，对人来讲一定都有它的作用和价值，这是一种精神的洗礼。对人生的作用和价值，我认为主要表现在以下三个方面。

第一个，指引青年成长的方向。因为青年的未来有可塑性，青年如何去发展，在多种选择里如何选择正确的成长之路，这需要一种精神指引。抗疫精神本身就有一种指引人生方向的作用。

2020年3月15日，习近平总书记在给北大援鄂医疗队全体"90后"党员的回信中，有这么一段话："希望你们努力在为人民服务中茁壮成长、在艰苦奋斗中砥砺意志品质、在实践中增长工作本领，继续在救死扶伤的岗位上拼搏奋战，带动广大青年不惧风雨、勇挑重担，让青春在党和人民最需要的地方绽放绚丽之花。"

习近平总书记的这段寄语，明确告诉我们的青年学生，如何成长。抗疫精神告诉我们正确的发展道路、成长道路：在为人民服务中茁壮成长，在艰苦奋斗中砥砺意志品质，在实践中增长工作能力。

第二个作用，就是激发青年成长的动力。青年作为社会人，一定要走向社会中心。在走进社会中心的过程中，可能会遇到很多的矛盾、挫折、困难甚至失败，如何去战胜？肯定需要一种精神上的力量，那么抗疫精神、抗疫榜样，就给他做了一个示范，可以增强精神动力，这是第二个作用。

我认为第三个作用是，抗疫精神可以提高我们青年的成长境界。人生是有追求的，你的追求境界高低取决于什么？取决于你为谁服务的问题。冯友兰把人生追求分为自然、功利、道德、天地这四种境界，这实际上是根据你的服务对象的不同而做的一个区分，服务人民、奉献社会是新时代最高尚的人生追求。对青年来说要提高自己的人生境界，要有精神向往。北大钱理群教授指出，有些青年是精致的利己主义者，为了自己的个人利益去钻政策法律的空子，还所谓的沾沾自喜，这样的人的精神境界实际上是很低的。

那么如何提升自己的精神境界，做一个高尚的人？毛泽东在《纪念白求恩》一文中说："一个人的能力有大小，但只要有这点精神，就是一个高尚的人，一个纯粹的人，一个有道德的人，一个脱离了低级趣味的人，一个有益于人民的人。"这样才能提升精神境界，而抗疫斗争的精神里面，比如"举国同心"这一精神，真正学到后，尽力帮助他人，得到心灵的净化，提高人生成长的境界。我认为对我们青年来讲作用是非常巨大的。所以要弘扬、要传承抗疫精神。

记：从西方的发展史来看，20世纪五六十年代出现的嬉皮士、披头士，正是青年在物质上得到极大满足，在精神上缺失引导产生的一代人。包括这两年比较流行的"佛系""丧文化"。我们如何引导青年朋友从抗疫精神中，吸收它的养分？

徐：单纯地追求物质或者单纯地追求感性的东西，实际上都没有提升自己。至于青年朋友如何学习抗疫精神，吸收它的养分，去促进自身成长，实际上，习近平总书记在几次讲话中，早已回答了这个问题。

2020 年 3 月 10 日，习近平总书记在武汉东湖新城社区考察，他说："过去有人说他们是娇滴滴的一代，但现在看，他们成了抗疫一线的主力军，不怕苦、不怕牺牲。抗疫一线比其他地方更能考验人。"习近平总书记第一次对抗疫青年做了一个很高的正面评价。

2020 年 3 月 15 日，习近平总书记给北京大学援鄂医疗队全体"90 后"党员回信中说："你们青年同在一线英勇奋战的广大疫情防控人员一道，不畏艰险，冲锋在前，舍生忘死，彰显了青年的蓬勃力量，交出了合格答卷。广大青年用行动证明新时代的青年是好样的，是堪当大任的。"这就比"抗疫一线主力军"更高一层次，这是对青年评价特别高的。

2020 年 9 月 8 日，习近平总书记在全国抗击新冠肺炎疫情表彰大会上说："青年是国家和民族的希望。在这次抗疫斗争中，青年一代的突出表现令人欣慰、令人感动。世上没有从天而降的英雄，只有挺身而出的凡人。青年一代不怕苦、不畏难、不惧牺牲，用臂膀扛起如山的责任，展现出青春激昂的风采，展现出中华民族的希望！让我们一起为他们点赞！"习近平总书记再一次肯定了青年在抗疫斗争中的英勇表现。

当然，青年一代如何学习抗疫精神，吸收它的养分，去促进自身成长，我觉得首先要认真学习"生命至上""举国同心""舍生忘死""尊重科学""命运与共"这20个字，它的内涵是非常丰富的，我们也要引导青年去学习、理解基本内涵。

庚子抗疫注定是这一代人奋斗精神原点

记：疫情期间您一直在武汉，不知道您对身边青年人在疫情中的表现有没有一些观察？

徐：我肯定有直观的感受和观察。比如我们身边的青年同事，在疫情出现之初，积极主动报名，社区值守、帮忙拿药、给老教师买菜买药。这都是青年人的自觉性、主动性和担当性的自然体现。我们学生当中也有志愿者在社区、在农村，那就是在一线参加抗疫斗争。这些学生也就是十八岁左右，在家里可能是独生子女。他们愿意去投身抗疫斗争，说明他们的责任意识、担当意识还是很强的。此外，我们学校毕业的一名学生，在网上发布英文版的为武汉发声的一个抗疫视频，当时影响挺大，让我很感动。还有被评为"全国最美教师"的华雨辰，她毕业于我们学校音乐学院，很好展现了华师青年群体的良好形象。

这次青年在疫情中的表现，确实让我刮目相看。以前看他们觉得这也不行那也不行，好像也比较懒散的，难堪大任的。但这次在关键时刻还是展示出了他们这个群体应该有的青春风貌，扭转了我们过去对他们的偏见。正如习近平总书记所说的是"主力军""堪当大任"。

记：任何一个大的事件，或一个大的灾难，都会给人带来巨大的冲击波。对于青年人来讲，他们会加速蜕变，快速成长。

徐：是的，只有亲身经历过，才会得到锻炼，才会有新的认知，才会有新的行动。我认为对他们来说，不仅汲取奋进力量，而且是一个精神洗礼。

记：前两天我们和华雨辰交流时，她说，以前大家认为"90后"是非常焦虑的一代。她不认同，但又不知道如何辩解。这次疫情的确给了他们证明自己、展示自己的机会。

徐：对"90后"而言，这次应该是他们第一次参与到这么重大的事件中，而且展示的青春风貌能够得到大家肯定，确实不容易。

记：1998年抗洪也好，抗击"非典"也好，那时候他们都还比较小，没有参与。真正意义上来说，这次疫情可能是这一代人躬身入局的原点。怎么去理解这个原点对一代人的成长？

徐：对他们来说，过去人生相对来说是比较平坦的，是一帆风顺的。没有经历匮乏的物质贫穷或者严重的人生挫折，没有经历过重大的灾难。他们对人生可能有过过于丰富的想象或者幻想。那么这一次疫情对他们来讲，就是一个原点。他们第一次经历，第一次碰到，可能是一个巨大的心理冲击，这是第一个。

第二个让他们更多理解的是对人生、对生命的态度，这是很重要的一方面。教育部门要求高校要结合疫情这一事件开展生命教育。实际上现在有些青年可能不太重视生命，容易抑郁，自伤甚至走极端，网上有很多例子，大学里也有。这次疫情对他自己的生命，对他自己的人生来讲，是一个冲击，是一个阅历，亦是一个锻炼。对于他们更好地认识人生，更好地理解生命，会起到一个很重要的作用。

第三个就是刚才说的，他们在这个过程中通过这些认知，可能更好地去规划或者设计自己未来的人生，把自己和民族、国家融合在一起，做一个更有价值的人。抗疫精神对他们的作用价值可能这样会更好地体现出来。

引领青年一代处理好"学故事"和"学理论"的关系

记：2020 年 9 月至今，不少高校用身边的抗疫故事去讲思政课。您怎么评价这样的思政课？

徐：我感觉目前可能更多的是看微电影、讲小故事，或者用身边的人做一些典型示范，但是真正从理论高度或者是从理论学术高度去给学生做报告讲座，可能还需要加强。我们要理解"抗疫精神"的内涵、发展，要有理论方面的学习，要明辨。在抗疫斗争中，国外对我们甩锅、政治妖魔化的行为，我们要引导学生去认识、分辨为什么是错误的。我们要有一个正确的价值观，引领学生分辨对错。

当然，无论学什么，最终都要转换为青年一代的成长力量。我认为需要笃行来转换这种成长力量。笃行的具体表现是青年要把自己培养成一个什么样人的问题。习近平总书记特别强调了一个概念"时代新人"。十九大报告里概括了时代新人的三个特质：有理想，有本领，有担当。这恰恰是抗疫斗争中给我们青年很重要的一个启示。比如说"有理想"，抗疫斗争实际上是要面对一个未知的事物。2020年1月23日，关闭离汉通道后，大家当时心里虽然很紧张，却有与子同袍，共克时艰的理想信念，要去争取最后的胜利。所以我们那时坚定相信党、政府、人民能够战胜疫情。第二个是"有本领"，抗疫斗争很重要的一点是体现了"尊重科学"，抗疫靠的是能力，靠的是科学。疫苗的研发就是科学的力量，这就是本领力量。比如钟南山做出的判断，陈薇院士团队研发的疫苗等。他们在用本领为我们的民族、国家服务。这也提醒我们青年人，在当今时代要有本领，要成为有用之才，而不是空谈。第三个是强调"有担当"，具备担当意识是很重要的。十九届五中全会提出了新阶段、新理念、新格局，开启全面建设社会主义现代化国家的新征程。今年建党100周年，2035年基本现代化，本世纪中叶全面建成现代化强国。无论是基本实现现代化还是全面建成社会主义现代化强国，它是与"90后""00后"的人生是完全结合在一起的，同频共振。这是他们的机遇，也是他们的责任。

习近平总书记说："每一个人都是新时代的见证者、开创者、建设者。"所以这里就谈到了"见证"，就是我经历了这个过程，而有没有为之做出贡献，也就是强调要开创、要建设，而不仅仅做一个旁观的见证者。这就对我们青年提出要求：要有担当意识。古话讲，"士不可以不弘毅，任重而道远。仁以为己任，不亦重乎？死而后已，不亦远乎？"强调责任和使命的问题。所以，民族复兴是青年的使命，是光荣，是机遇，更是他们的担当。要把责任扛在肩上，而不仅仅是做一个见证者。他们要笃行，要把自己培养成一个时代新人，有理想，有本领，有担当。总结来说，青年人要学习，要明辨，要笃行，抗疫精神才能发挥作用。否则精神与事物就没有产生很好的契合度。这次抗疫提供了一个很好的样本。这就是告诉青年怎么去学习，怎么去成长。

记：从高校思政教育来讲，如何去认识理论学习和一般的故事学习的关系？

徐：我们特别强调，以喜闻乐见的形式、丰富多彩的方式来展现抗疫精神，这是很必要的。因为现在的青年思想活跃，获取信息的方式、娱乐方式多种多样。因为这样能激发情感，让人产生动力和热情。情感还有什么特点？就是它不能够持久，激动一下子，三分钟热度过了就没有了。所以我们还需要在情感激发的同时，站在更高的价值层面引导我们的青年学生，正确认识抗疫精神和抗疫斗争。正确认识需要塑造理性和理论的力量，这就需要我们的思政课老师，或者党政领导干部、思想政治工作者，以更高的角度或者更宽广的视野去给我们青年传递抗疫精神和抗疫斗争的丰富内涵和精神实质，把两者结合起来，才能达到一个目的，否则如果仅仅是强调一个形式或者内容，这不是我们所希望看到的。

传统来讲，思政课理论的成分本来就很多，有一种情况是年轻人学理论兴趣不高怎么办？有人说学理论的话，就像非要在外面弄一个糖果舔一舔。有句话说得好：理论是灰色的，而生活之树常青。理论学习需要有一个艰深的改造提升思想的过程，它是一个是需要去求索的过程，不是说尝到外面糖果的甜蜜了，思想就能抵达。思想政治理论课，是要讲理论的，要用理性的东西去引导我们的青年学生去认识，从个人、家庭、民族国家出发提升思想认识、社会认识，那才是我们所希望看到的。所以我们往往不太主张用花样的形式去替代丰富的内容。

记：从人类历史来看，这么大的一场突发疫情，对武汉这座城市而言，究竟有哪些影响呢？

徐：放在历史上来看，总书记讲新冠肺炎疫情是新中国成立以来，传播速度最快、感染范围最广、防控难度最大的重大突发公共卫生事件。实际上就给它做了一个定性，一定比"非典"更严重。那么这个事件对一个城市来说，首先是一个巨大的冲击，因为武汉从来没有经历过，以前整个中国也没经历过这个事情。所以它对我们的城市居民有巨大的心态上的冲击，有恐惧、紧张、害怕。有这种心态我认为是正常的。一年过去了，现在来看，我们说"浴火重生"或者"凤凰涅槃"。我们成功遏制了疫情，再回头去看抗疫斗争的时候，我认为我们要站在历史当中去看，首先一定要有一个信念：要增强自信。增强对党、政府、国家的自信。我们的党、国家、政府确实是在为人民服务，坚持"人民至上、生命至上"。这是第一个。第二个是，把城市放在历史中去评价。武汉曾经是辛亥首义之地，敢为人先，有着强烈的奋斗精神。经过这次疫情后，相信它会迸发出更大的生机与活力。习近平总书记讲："武汉是英雄的城市，湖北人民、武汉人民是英雄的人民。"经历这次事件之后，会迸发出更加团结一心的蓬勃伟力，去建设更加美好的新武汉。所以这是一个"浴火重生"的过程。

记：有人说苦难是一种财富。您怎样看待这句话？

徐：苦难不一定必然是财富。只有在苦难中磨砺出坚强意志的人，才有可能把苦难变成财富，浴火重生。抗疫精神就是苦难中磨砺出的宝贵财富，我们要把它当作星星之火，努力让它放射出可以燎原的光芒。我想，这样理解可能更好一些。

（雷宇 杨洁）